W0299393

ENSEIGNER l'histoire, la géographie, l'enseignement moral et civique au CM2

UN OUVRAGE DE RÉFÉRENCE POUR L'ENSEIGNANT

Les « Enseigner » de la collection **MAGELLAN** sont des ouvrages **complets et indispensables** pour accompagner les professeurs des écoles dans la **construction et la mise en œuvre** de leurs séquences. Ils peuvent être utilisés seuls, mais trouvent leur mise en application dans le manuel de l'élève.

ENSEIGNER AU CM2

Chacune des 95 séquences est construite en trois temps :

- Les **savoirs essentiels** pour l'enseignant.
- Un **déroulé pas à pas** de la séquence avec des activités préalables, une trame structurée par objectifs, des propositions de documents et leur exploitation ou des activités à mener, les indications pour élaborer la trace écrite et évaluer.
- Des propositions de **prolongements** pour approfondir et travailler en **interdisciplinarité** (Français, EMC, Mathématiques...).

+ 95 fiches photocopiables à compléter
pour constituer la **trace écrite** de chaque séquence sous diverses formes : *carte, frise chronologique, synthèse, tableau, document iconographique, vocabulaire essentiel...*

EN SAVOIR PLUS SUR
www.editions-hatier.fr/collection/magellan

COLLECTION **MAGELLAN**

SOPHIE LE CALLENNEC

Manuel

CM2

Histoire
et histoire des arts

Géographie

Enseignement moral et civique

Sophie Le Callennec
Professeure d'histoire, de géographie et d'enseignement moral et civique
Formation continue des enseignants du premier degré

avec

Médéric Briand
Professeur des écoles, docteur en géographie
Formateur à l'ISFEC de Nantes

Émilie François
Professeure des écoles

Dominique Guimbretière
Professeur d'histoire-géographie
Formateur à l'Institut supérieur L'Aubépine, La Roche-sur-Yon

Françoise Martinetti
Inspectrice de l'Éducation nationale honoraire

Élisabeth Szwarc
Ancienne professeure d'histoire-géographie en IUFM

Hatier

L'enseignement moral et civique, mais aussi l'histoire et la géographie, sont des temps privilégiés pour l'éducation à l'égalité entre tous. Soucieux de cette question, les auteurs de la collection Magellan veillent notamment à :

– choisir un ensemble iconographique présentant une diversité de personnes et de situations : des filles, des garçons, des femmes, des hommes, des personnes d'origines différentes, des personnes en situation de handicap...

– privilégier l'emploi de termes englobants à celui d'un masculin générique (par exemple : « la population française » ou « le peuple français ») ;

– utiliser l'ordre alphabétique lors d'une énumération de termes au féminin et au masculin, afin de ne pas systématiquement mettre le masculin en premier (par exemple : un agriculteur et une agricultrice, mais les femmes et les hommes).

Afin de ne pas surcharger les encadrés de vocabulaire, nous utilisons le point médian de l'écriture inclusive (exemple : un·e résistant·e, qui se lit « un résistant, une résistante ») pour certains mots comme les noms de métiers et de fonctions, sachant que ces définitions sont lues collectivement en classe, sous le contrôle des enseignantes et des enseignants.

Nous appliquons en cela les préconisations du Haut Conseil à l'égalité entre les femmes et les hommes. Pour en savoir plus : Haut Conseil à l'égalité entre les femmes et les hommes, *Guide pratique pour une communication publique sans stéréotype de sexe*, 2015, sur www.haut-conseil-egalite.gouv.fr.

Conception La Case à livres
Illustrations Sophie Beaujard, Emmanuel Cerisier, Alain Frappier, Isa Python
Cartographie Claire Levasseur
Relecture Geneviève Miral

© HATIER Paris 2019/ISBN : 978-2-401-05350-2
Sous réserve des exceptions légales, toute représentation ou reproduction intégrale ou partielle, faite, par quelque procédé que ce soit, sans le consentement de l'auteur ou de ses ayants-droit, est illicite et constitue une contrefaçon sanctionnée par le Code de la Propriété Intellectuelle. Le CFC est le seul habilité à délivrer des autorisations de reproduction par reprographie, sous réserve en cas d'utilisation aux fins de vente, de location, de publicité ou de promotion de l'accord de l'auteur ou des ayants droit.

AVANT-PROPOS

Les programmes 2016 et leurs ajustements 2018 sont l'occasion pour nous de proposer un nouveau manuel de CM2 réunissant trois domaines : l'**histoire**, la **géographie** et l'**enseignement moral et civique**.

Dans ce nouvel opus, les enseignants retrouveront les caractéristiques qui font le succès de la collection Magellan :
– une démarche fondée sur l'élève, ses représentations, son développement, sa capacité de compréhension, sa vision du temps, de l'espace et son rapport à lui-même et à autrui, que l'on étoffe, confirme ou fait progressivement évoluer ;
– une approche pas à pas conforme aux programmes, de façon que l'enseignant travaille en confiance avec son manuel, qui lui permet de répondre parfaitement aux attentes de l'Éducation nationale ;
– une progression des notions, des compétences et du vocabulaire.

Comme les autres ouvrages de la collection, ce manuel s'attache à proposer :
– des unités d'enseignement claires et complètes ;
– des éléments de cours succincts et accessibles, avec un vocabulaire adapté aux élèves ;
– de grandes photographies pouvant susciter l'intérêt des élèves et permettant de leur apprendre des techniques d'observation ;
– des cartes, dont un ensemble de planisphères et de cartes de géographie regroupés dans un atlas, de façon à situer les lieux étudiés et à comprendre les enjeux des problématiques posées ;
– des graphiques, des affiches, des dessins, des logos...

Ce manuel existe également en version numérique enrichie de médias permettant de compléter les approches par des animations et des vidéos dans le cadre d'une vidéoprojection en classe.

Les enseignants peuvent se reporter au guide *Enseigner l'histoire, la géographie et l'EMC au CM2*, édition 2019, pour mettre à jour leurs connaissances, consulter des propositions d'organisation des séquences, disposer d'informations pédagogiques, s'appuyer sur des informations concernant les documents sélectionnés et choisir des idées de travail en interdisciplinarité.

Je tiens à remercier celles et ceux, enseignants, conseillers pédagogiques, inspecteurs de l'Éducation nationale, qui m'accueillent pour des conférences, qui dialoguent avec moi, qui me font part de leurs expériences, de leurs interrogations, de leurs difficultés, de leur vision de l'histoire, de la géographie et de l'EMC. Qu'ils sachent que ce manuel a été écrit pour répondre à leurs attentes et leur donner, leur redonner ou simplement alimenter chez eux le goût pour l'histoire, la géographie et l'EMC.

Sophie Le Callennec

HISTOIRE

1. L'âge industriel en France

2. Le temps de la République

3. La France, des guerres mondiales à l'Union européenne

GÉOGRAPHIE

4. Se déplacer

5. Communiquer d'un bout à l'autre de la planète grâce à Internet

6. Mieux habiter

EMC ENSEIGNEMENT MORAL ET CIVIQUE

7. Respecter autrui

8. Acquérir et partager les valeurs de la République

9. Construire une culture civique

10. Le Code de la route

Mode d'emploi

Chaque double page commence par une introduction,
qui permet d'aborder la leçon ou de mettre les élèves en questionnement.

Les documents et les questions

Chaque fois que nécessaire, le document comporte un sous-titre qui précise sa nature ou l'élément représenté.

Chaque document est accompagné d'un questionnement.

La plupart des questions amènent l'observation du document, parfois une réflexion ou une mobilisation des connaissances. Les questions sont numérotées dans un rond bleu en histoire, vert en géographie et jaune en EMC.

En géographie, les questions commençant par ce picto renvoient vers l'atlas accompagnant le manuel.

Et moi ? **En EMC :** les questions précédées de ce picto invitent les élèves à une réflexion individuelle et personnelle qui ne donne pas lieu à un échange en classe.

Certaines questions peuvent être l'occasion d'une tâche particulière :

- ? une recherche ou une enquête
- un travail sur ordinateur ou sur appareil numérique.

Certaines questions sont l'occasion d'une passerelle avec :

- EMC l'enseignement moral et civique
- Géo la géographie
- Hist. l'histoire
- l'histoire des arts.

La leçon et les documents

Chaque paragraphe de la leçon correspond à un document (par exemple, DOC. A), qui porte le même titre que lui. L'enseignant peut, au choix :
– travailler sur le document et, à partir des questions posées, en tirer les connaissances nécessaires ;
– lire le paragraphe de la leçon puis étudier le document correspondant.

L'atlas

En géographie, les cartes principales sont regroupées dans l'atlas qui accompagne le manuel. Le renvoi se fait dans la leçon (par exemple, CARTE 8) ou dans les questions.

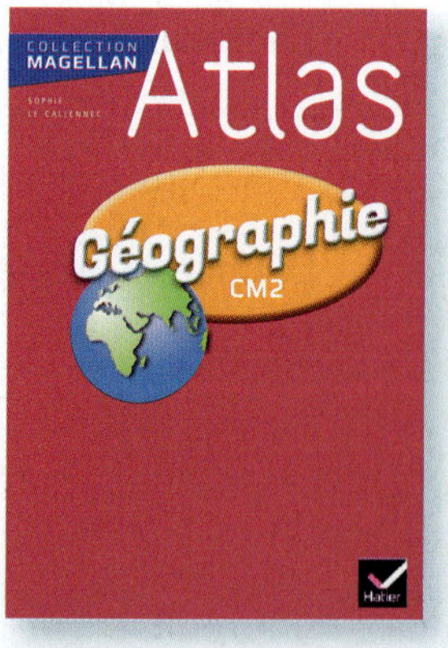

Le cahier de trace écrite

Cahier de trace écrite CM2 de la collection Magellan, 2019

Ce fichier permet aux élèves de constituer ensemble la trace écrite de chaque séquence, de la conserver et de la mémoriser. En fonction de la séquence, différentes pistes sont proposées : une frise chronologique ou une carte à compléter, un document à flécher, du vocabulaire à retenir, un tableau à construire, quelques phrases à rédiger… Le fichier est disponible en cahiers individuels ou en fiches photocopiables dans le *Enseigner l'histoire, la géographie et l'EMC au CM2*.

54 55 Développer la nature en ville

A Les avantages de la nature en ville

végétation = barrière contre le ....

végétation = moins de gaz carbonique et plus d' ....

végétation = moins de chaleur et plus de ....

végétation = plus d' ....

végétation = ... de ruissellement

B Dans ma ville ou la ville près de chez moi

- Il y a des arbres | des squares | un ou des parcs | des parterres de fleurs | un bois | une forêt | des jardins ....
- Pour augmenter les espaces verts, on aménage les berges du fleuve | plante des arbres | crée une « coulée verte » | végétalise les toits | développe l'agriculture urbaine ....

VOCABULAIRE

l'agriculture urbaine : l'agriculture dans la ville.
les berges d'un fleuve : les bords d'un fleuve.
la biodiversité : la diversité de la faune et de la flore.
la convivialité : les bonnes relations entre les personnes.
un jardin partagé : un espace vert que les habitants d'un quartier cultivent et dont ils profitent ensemble.

La frise chronologique

En histoire, la frise chronologique en bas de page permet de situer dans le temps la période (un trait) ou une date (un point) étudiée. Celle-ci est signalée en bleu dans le texte de la leçon de façon à être identifiée. Elle peut s'intégrer à la trace écrite et être retenue par les élèves. Les traits ou points bleu clair rappellent les périodes et les dates étudiées lors des leçons précédentes, de façon à construire une progression dans le temps.

VOCABULAIRE

Les mots ou expressions surlignés en jaune sont définis dans l'encadré vocabulaire, situé le plus souvent en bas à droite de la double page.

Parmi ce vocabulaire proposé, l'enseignant choisit les mots que les élèves doivent comprendre quand ils les rencontrent et ceux qu'ils doivent savoir produire.

Les définitions doivent être comprises et intégrées, mais n'ont pas besoin d'être apprises par cœur.

1100 1200 1300 1400 1500 1600 1700 1800 1900 2000

Des temps pour raconter l'histoire

L'histoire parle du passé. Elle se dit et s'écrit donc au passé.
Voici quelques repères pour bien comprendre et utiliser les différents temps du passé.

1 Pour raconter ou décrire quelque chose qui a duré longtemps, on utilise l'imparfait.

Par exemple : Des femmes et des hommes vivaient déjà dans notre pays il y a longtemps.

Conjugaison	à l'imparfait	
Occuper	il/elle occupait	ils/elles occupaient
Diriger	il/elle dirigeait	ils/elles dirigeaient
Vivre	il/elle vivait	ils/elles vivaient

2 Pour raconter quelque chose qui a eu lieu à un moment précis, on utilise le passé composé ou le passé simple.

Par exemple : Des femmes et des hommes de la préhistoire ont peint la grotte de Lascaux : quatre jeunes la découvrirent un beau jour de 1944.

Conjugaison	au passé composé		au passé simple	
Occuper	il/elle a occupé	ils/elles ont occupé	il/elle occupa	ils/elles occupèrent
Créer	il/elle a créé	ils/elles ont créé	il/elle créa	ils/elles créèrent
Diriger	il/elle a dirigé	ils/elles ont dirigé	il/elle dirigea	ils/elles dirigèrent
Unir	il/elle a uni	ils/elles ont uni	il/elle unit	ils/elles unirent
Prendre	il/elle a pris	ils/elles ont pris	il/elle prit	ils/elles prirent
Perdre	il/elle a perdu	ils/elles ont perdu	il/elle perdit	ils/elles perdirent
Vivre	il/elle a vécu	ils/elles ont vécu	il/elle vécut	ils/elles vécurent

3 Pour raconter quelque chose qui a eu lieu dans un passé encore plus lointain, on utilise le plus-que-parfait.

Par exemple : Autrefois, des gens vivaient là. Avant eux, un autre peuple y avait vécu.

Conjugaison	au plus-que-parfait	
Occuper	il/elle avait occupé	ils/elles avaient occupé
S'installer	il/elle s'était installé(e)	ils/elles s'étaient installé(e)s
Vivre	il/elle avait vécu	ils/elles avaient vécu
Perdre	il/elle avait perdu	ils/elles avaient perdu

1

L'âge industriel en France

1 ÉNERGIES ET MACHINES AU XIXe SIÈCLE

Autrefois, la seule énergie connue était la force humaine ou animale, utilisée notamment pour tirer des charrettes. La situation s'est transformée au XIXe siècle.

A La machine à vapeur et les énergies

Une machine à vapeur de 1840 dans une ancienne usine de fabrication de caisses en bois

Une chaudière à charbon chauffe l'eau et la transforme en vapeur. Celle-ci arrive dans un cylindre **(a)** et tantôt pousse, tantôt tire le piston **(b)**. Ce dernier actionne la « bielle » **(c)** qui fait tourner la roue **(d)**. La roue transmet le mouvement aux machines de l'usine auxquelles elle est reliée par des courroies.

1 Explique avec tes propres mots le fonctionnement de la machine à vapeur.

2 Connais-tu d'autres énergies capables de chauffer l'eau pour produire de la vapeur ?

La machine à vapeur et les énergies DOC. A

Au XVIIIe et au XIXe siècle, des inventeurs mirent au point la machine à vapeur, capable de remplacer la force humaine. Avec du charbon, on chauffait de l'eau jusqu'à produire de la vapeur. La machine s'en servait pour créer un mouvement. Plus tard, des chercheurs découvrirent d'autres énergies, comme le pétrole. Des inventeurs trouvèrent comment produire et utiliser le courant électrique.

La naissance de l'industrie DOC. B

La machine à vapeur permettait d'actionner différentes machines. Des industriels construisirent alors des usines dans lesquelles ces machines, contrôlées par des ouvriers, fabriquaient de l'acier, des tissus, des vêtements et toutes sortes de produits en grande quantité. L'industrie se développa alors en France et dans toute l'Europe.

1 100 200 300 400 500 600 700 800 900

→ B La naissance de l'industrie

Une usine de tissus à Orléans, gravure du XIXe siècle

Autrefois, les tissus étaient fabriqués à la main un par un, par des artisans. Dans cette usine, une machine à vapeur actionnait d'autres machines, qui peignaient le coton pour en faire du fil, le mettaient en bobine, tissaient des étoffes en grande quantité et les teignaient.

3 Décris cette usine.

→ C La révolution des transports

Le train à vapeur, tableau de 1864

4 Décris ce train et le bateau à vapeur.

5 Comment se déplaçait-on avant l'invention du chemin de fer ?

6 Quels sont les avantages du train ? du bateau à vapeur ?

La révolution des transports DOC. C

Grâce aux nouvelles énergies, des inventeurs mirent au point de nouveaux moyens de transport :

- le train, qui transportait des personnes, des produits pour les usines et les marchandises fabriquées par celles-ci ;
- le bateau à moteur, capable de remonter les fleuves et de traverser les océans ;
- les premières voitures, à la fin du XIXe siècle ;
- les premiers avions, au début du XXe siècle.

VOCABULAIRE

le charbon : une matière noire que l'on trouve dans le sol et qui sert d'énergie.

l'industrie : l'ensemble des activités qui permettent de fabriquer des produits en grande quantité.

un industriel : une personne qui dirige une usine.

les marchandises : les produits que l'on achète et que l'on vend.

une usine : un atelier dans lequel on fabrique des objets en grande quantité, à l'aide de machines.

1100 1200 1300 1400 1500 1600 1700 1800 1900 2000

2 Travailler à la mine

Le charbon, nécessaire aux usines du XIXe siècle, se trouve généralement sous terre. Pour le trouver, il fallait creuser : c'est la mine.

A Descendre dans la mine

Une mine de charbon, gravure vers 1903

1. Décris cette mine.
2. Repère la benne par laquelle les mineurs descendaient : comment fonctionne-t-elle ?

Chaque jour, les mineurs s'enfonçaient dans les longues galeries pour y travailler des heures durant, sous la terre, sans voir la lumière du jour.

B Travailler dans la mine

Deux mineurs, gravures du XIXe siècle

3. Décris le travail de ces personnes.

Au fond de la mine, sombre, l'air était rare, la chaleur étouffante. Les hommes creusaient dans des espaces minuscules. Les femmes et les enfants ramassaient les morceaux de charbon, les plaçaient dans des wagonnets et les tiraient jusqu'à l'ascenseur, qui les remontait à la surface.

1 100 200 300 400 500 600 700 800 900

C Mettre sa vie en danger

La catastrophe des mines de Courrières, dessin de presse de 1906

Dans les mines, il y avait parfois de graves accidents : les galeries s'effondraient sur les mineurs, ou encore le gaz produit par le charbon explosait (on appelle cela un « coup de grisou »). Les morts pouvaient alors se compter par centaines.

4 **Décris ce que tu vois sur cette image.**

5 **Pourquoi les sauveteurs portent-ils des masques ?**

Même en dehors des accidents, les mineurs risquaient sans cesse leur vie : respirer chaque jour l'air de la mine leur faisait attraper des maladies des poumons, souvent mortelles.

D Vivre dans la misère

Maison d'une famille de mineurs, gravure de 1829

Les mineurs travaillaient beaucoup mais gagnaient très peu d'argent. Ils habitaient des taudis à peine chauffés. Ils ne mangeaient pas à leur faim. Les enfants même très jeunes travaillaient à la mine, pour que la famille survive.

6 **Décris la vie de cette famille.**

Au XIXe siècle, les mineurs ont organisé des grèves pour réclamer de meilleures conditions de travail. Ce furent des périodes difficiles, car ils ne touchaient plus aucun argent. Mais cela a ensuite permis d'améliorer leur sort.

3 Travailler à l'atelier

Au XIXe siècle, certains travaux comme le tissage, la couture, la dentelle ou la broderie étaient réalisés dans de petits ateliers, pour le compte d'un patron.

A Des ateliers familiaux

Atelier de tisserands de la soie à Lyon, illustration vers 1840

La plupart des ateliers regroupaient les membres d'une même famille, qui travaillaient chez eux.

1. **Décris cet atelier.**
2. **Sais-tu comment on appelle cette machine qui permet de tisser la soie ?**
3. **À quoi vois-tu que cet atelier est installé dans une habitation ?**
4. **Comment cet atelier est-il éclairé ? chauffé ?**
5. **Quels membres de la famille travaillent dans cet atelier ? Lesquels ne travaillent pas ? À ton avis, pourquoi ?**

Chaque semaine, le patron apportait le fil à tisser. Il ramassait ce que les ouvriers avaient fabriqué et les payait au nombre de tissus réalisés. Pour survivre, les ouvriers devaient travailler beaucoup et vite, y compris la nuit.

6. **Pourquoi le travail de nuit coûtait-il cher aux ouvriers ?**

Certains ouvriers n'avaient que cet emploi et faisaient ce travail toute l'année. D'autres, dans les campagnes, travaillaient dans les champs en été, à l'atelier en hiver.

1 100 200 300 400 500 600 700 800 900

B Travail et famille

Cette célèbre chanson, à l'origine en patois, est traduite ici en français.

7 À qui cette ouvrière parle-t-elle ?

8 Qu'est-ce qui l'empêche de travailler ?

9 Que fait-elle pour calmer son enfant ?

10 À quoi vois-tu qu'elle n'est pas riche ?

Dors min p'tit Quinquin min p'tit pouchin min gros rojin
Te m'fras du chagrin si te ne dors point ch'qu'à d'main.

Dors mon petit Quinquin, mon petit poussin, mon gros raisin,
Tu me feras du chagrin si tu ne dors pas jusqu'à demain.

L'autre jour, une pauvre dentellière,
en berçant son petit garçon
qui, depuis trois quarts d'heure, ne faisait que crier,
essayait de l'endormir avec une chanson.
Elle lui dit : ma petite fleur,
demain, tu auras du pain d'épice
et plein de sucre,
si tu es sage et que tu fais dodo.

Dors mon petit Quinquin, mon petit poussin, mon gros raisin,
Tu me feras du chagrin si tu ne dors pas jusqu'à demain.

Et si tu me laisses faire une bonne semaine de travail,
j'irai racheter ta belle chemise,
ton pantalon en tissu, ta veste de laine.
Comme un petit prince, tu seras fier.
Je t'achèterai, le jour de la foire,
un polichinelle rigolo
et une petite flûte
pour jouer l'air du chapeau pointu.

Dors mon petit Quinquin, mon petit poussin, mon gros raisin,
Tu me feras du chagrin si tu ne dors pas jusqu'à demain.

D'après la chanson d'Alexandre Desrousseaux, *Le P'tit Quinquin*, 1853

C L'atelier industriel

Ouvrières dans un atelier, gravure du XIXe siècle

Progressivement, les patrons ont rassemblé les ouvrières et les ouvriers dans de grands ateliers, de façon à ne plus se déplacer chez eux. Là, ceux-ci ont commencé à utiliser des machines.

11 Décris cet atelier.

4 Travailler à l'usine

Au cours du XIXe siècle, certains patrons ont fait construire des usines dans lesquelles ils ont regroupé les ouvriers pour qu'ils travaillent sur des machines.

A Le travail

Usine de fabrication de stylos-plumes vers 1869
Usine de fabrication de vélos vers 1890

Les ouvrières et les ouvriers travaillaient jusqu'à 13 heures par jour, tous les jours de la semaine, toute l'année. Ils effectuaient des travaux pénibles à côté de machines bruyantes et souvent dangereuses. Beaucoup tombaient malades ou étaient victimes d'accidents du travail.

1. Décris ces deux usines.
2. Repère les roues qui relient les machines à la machine à vapeur.
3. Imagine les conditions de travail : la chaleur ou le froid, le bruit, les gestes répétitifs, le manque de sécurité, la fatigue...

B La pauvreté, la misère

4 Relève dans ce texte les indices qui montrent la pauvreté des ouvriers.

5 Relève les adjectifs de ce texte. Sont-ils positifs ?

Il faut les voir arriver chaque matin et partir chaque soir. Il y a, parmi eux, des femmes pâles, maigres, pieds nus dans la boue, et un nombre considérable d'enfants, sales, maigres, couverts de haillons. Ils portent à la main le morceau de pain qui doit les nourrir jusqu'à leur retour à la maison. Les plus pauvres habitent les caves et les greniers. Une mauvaise paillasse pour toute la famille, un petit poêle qui sert pour cuisiner et se chauffer, une caisse en guise d'armoire, deux ou trois chaises, un banc : voilà leurs meubles. Les plus pauvres ne mangent que des pommes de terre, un peu de soupe, de mauvais laitages, du mauvais pain. Ils ne mangent de la viande que le jour où ils sont payés, c'est-à-dire deux fois par mois.

D'après Louis-René Villermé, médecin, 1840

Lithographie vers 1840

S'ils tombaient malades, s'ils avaient un accident, s'ils se retrouvaient au chômage ou quand ils étaient trop vieux pour travailler, les ouvriers ne recevaient plus aucun argent : ils sombraient dans la misère.

6 Qu'arrive-t-il à cette femme, dans le lit ?

7 À ton avis, que vient faire la femme debout ?

C Des progrès

Grève, dessin de presse de 1906

Au XIXe siècle, les ouvriers ont organisé des grèves. Ils ont obtenu de meilleures conditions de travail (des journées de 10 heures, un jour de congé par semaine…), de meilleurs salaires et une retraite.

8 Pourquoi les ouvriers obtenaient-ils des progrès en faisant la grève ?

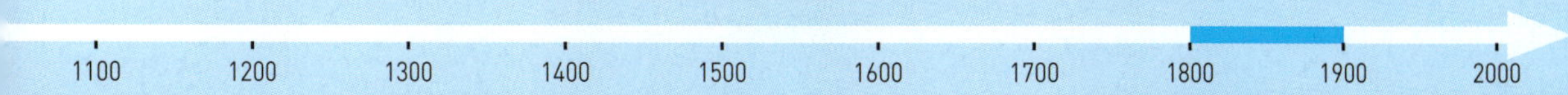

5 L'ARCHITECTURE INDUSTRIELLE

Au XIXe siècle, on a construit de nombreuses usines et des gares. L'utilisation du métal, produit par l'industrie, a transformé l'architecture.

A Des usines

Ancienne usine de tissus à Roubaix

La plupart des usines construites au XIXe siècle ont un « squelette » en métal caché derrière des briques rouges. Elles ont aussi une cheminée qui servait à évacuer les fumées du charbon brûlé pour chauffer l'eau et produire de la vapeur.

1. **Décris cette usine.**
2. **De quand cette photo date-t-elle : de l'époque de la construction de l'usine, au XIXe siècle, ou de nos jours ? Justifie ta réponse.**
3. **Y a-t-il une ancienne usine en brique près de chez toi ?**

Pendant longtemps, on a laissé les anciennes usines à l'abandon ou on les a détruites. De nos jours, on les restaure pour conserver leur architecture typique de cette époque. Elles servent alors de bureaux, d'écoles, de musées...

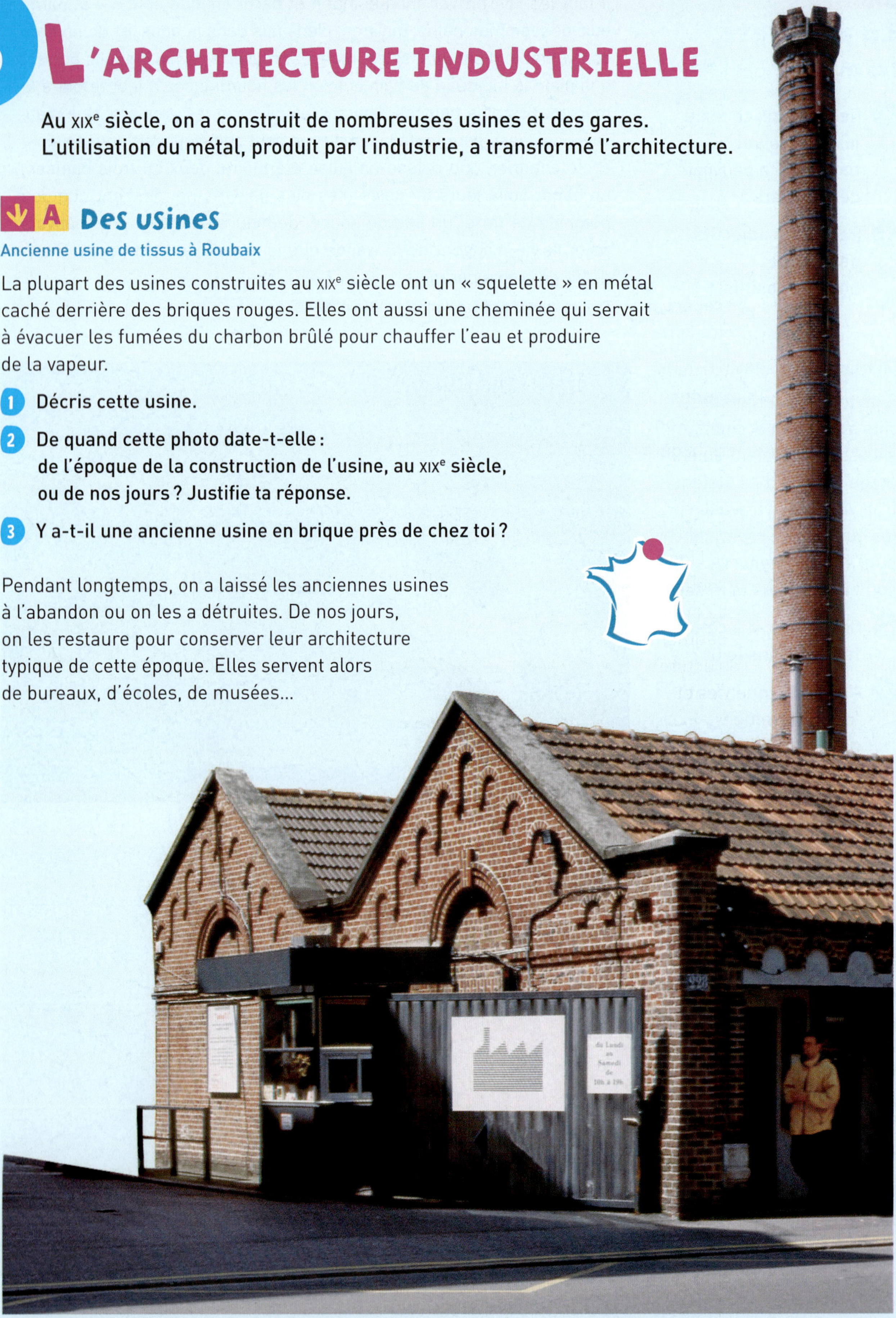

→ B Des gares

Ancienne gare d'Orsay à Paris, construite en 1900

On a également construit des gares pour accueillir les voyageurs qui prenaient le train.

4 **Décris cette gare.**

5 **À l'arrière-plan, repère la verrière qui couvre le hall.**

6 **Quelle autre construction de l'architecture industrielle, en métal, voit-on dépasser derrière la gare, à droite ?**

L'intérieur de la gare vers 1910

Des architectes ont eu l'idée de ne plus cacher le métal derrière la pierre ou la brique : ils ont construit des bâtiments élégants, avec des structures métalliques apparentes et d'immenses verrières.

7 **Décris ce bâtiment.**

?8 **Fais des recherches : qu'est devenue la gare d'Orsay à Paris ?**

→ C Des ouvrages d'art

Viaduc de Garabit, construit en 1884

Le métal a permis de réaliser des constructions impossibles jusqu'alors. Ici, l'ingénieur Gustave Eiffel a imaginé une arche monumentale qui soutient le pont : des piliers en pierre n'auraient pas tenu.

9 **Décris ce pont.**

10 **Nomme un autre ouvrage réalisé par Gustave Eiffel.**

6 TRAVAILLER DANS UN GRAND MAGASIN

**Au XIXe siècle, les usines fabriquaient toutes sortes de produits.
Ils étaient vendus dans un nouveau type de magasins : les grands magasins.**

A Le grand magasin Les Galeries Crespin Dufayel à Paris, affiche du XIXe siècle

Autrefois, chaque boutique était spécialisée : les clients y trouvaient une seule sorte d'articles. Au contraire, les grands magasins proposaient des articles variés : des vêtements, des meubles, des jouets, des produits alimentaires...

1 **Décris ce magasin.**

2 **Quels articles sont visibles ici ?**

Dans les boutiques, les clients attendaient qu'un vendeur les serve. Dans les grands magasins, ils pouvaient aller et venir, toucher la marchandise, choisir et se servir eux-mêmes. Les vendeurs étaient là pour les conseiller et ranger. C'est le début du libre-service.

Dans les boutiques, les clients négociaient le prix. Dans les grands magasins, les prix étaient fixes et écrits sur des étiquettes. Comme les grands magasins achetaient les articles en grande quantité auprès des usines, ils obtenaient de bons prix et vendaient ensuite leurs articles moins cher que dans les boutiques.

3 **Quels sont les avantages et les inconvénients des grands magasins ?**

Les patrons des grands magasins employaient toutes sortes de personnes : magasiniers pour placer les marchandises en rayon, caissiers, porteurs pour porter les achats des clients, vendeurs... et surtout vendeuses.

1 100 200 300 400 500 600 700 800 900

← B Le travail et la vie des vendeuses

La Demoiselle de magasin, tableau de 1882

Les vendeuses, ou « demoiselles de magasin », devaient être toujours élégantes et souriantes. Elles n'avaient jamais le droit de s'asseoir. Les salaires étaient bas. Mais les vendeuses aimaient leur travail, car il était moins pénible et mieux considéré que le travail dans les champs (beaucoup venaient de la campagne), le travail à la mine, à l'atelier ou à l'usine.

4 Décris cette « demoiselle de magasin ».

Au Bon Marché à Paris, les vendeuses dormaient dans des chambres au-dessus du magasin. Elles prenaient leurs repas à la cantine. Elles avaient un jour de congé dans la semaine. Elles étaient aidées en cas de maladie et au moment de la retraite.

→ C Un avenir possible

Affiche de 1929

Les meilleurs vendeurs devenaient chefs de rayon. En faisant des économies, certains, comme Marie-Louise Jaÿ et Ernest Cognacq, son mari, ont pu ouvrir leur propre magasin.

5 D'après cette affiche, quels avantages ce magasin offrait-il à ses employés ?

→ D Le chômage

6 Qu'arrive-t-il à cette vendeuse ?

7 Pourquoi ne trouve-t-elle pas de travail ?

8 Quand pourra-t-elle retrouver du travail ?

Deux mois durant, Denise se retrouva sans argent. Il lui fallait trente sous par jour. Le loyer payé, elle ne mangeait que du pain sec pour donner un peu de viande à son enfant. Elle se présentait dans tous les magasins, à la place Clichy, au Bon Marché, au Louvre. Mais les affaires s'arrêtaient partout durant l'été. On lui disait de revenir à l'automne. Comme elle, plus de 5 000 vendeurs cherchaient du travail. Alors elle tentait de trouver des petits boulots. Certains soirs, elle faisait dîner son fils tout seul en lui disant qu'elle avait mangé dehors. Elle se mettait au lit avec la tête qui tournait.

D'après Émile Zola, *Au bonheur des dames*, 1885

1100 1200 1300 1400 1500 1600 1700 1800 1900 2000

7 La croissance urbaine et la ville industrielle

Le travail dans les usines a attiré de nombreuses personnes vers les villes, qui en ont été profondément transformées.

A La croissance des villes

La naissance de la ville du Creusot, gravure du XIXe siècle

1 Sur cette gravure, repère : l'ancien village avec ses petites maisons ; l'usine avec ses cheminées ; la voie de chemin de fer qui en part, avec un train dessus ; à droite de l'usine, les nouveaux quartiers construits pour les ouvriers.

2 Pourquoi la ville se développe-t-elle autour de l'usine ?

La croissance des villes DOC. A

Au XIXe siècle, de nombreux paysans quittèrent les champs et les villages pour venir travailler dans les usines. Ils espéraient y trouver une vie meilleure. C'est ce que l'on appelle l'exode rural. Pour les loger, les industriels firent construire des habitations près des usines. Les anciennes villes s'agrandirent de nouveaux quartiers : les banlieues. De nouvelles villes furent créées autour des usines. C'est la croissance urbaine.

Des villes transformées DOC. B

Au début du XIXe siècle, les villes comportaient des logements minuscules et des quartiers insalubres : on jetait les déchets et les eaux sales dans la rue. La croissance des villes a été l'occasion de les transformer. Pour loger une population toujours plus nombreuse, on rénova ou détruisit les vieux quartiers avec leurs petites maisons pour construire à la place de grands immeubles. Pour faciliter les déplacements, on créa des rues larges et des boule-

1 100 200 300 400 500 600 700 800 900 1

B Des villes transformées

Un chantier de raccordement aux égouts vers 1860

Au XIXe siècle, on a profité de l'expansion des villes pour faire de grands travaux et transformer les zones urbaines.

3 Pourquoi raccordait-on les maisons au réseau d'égouts ?

4 **Imagine la vie en ville quand il n'y avait pas d'égouts.**

5 **Imagine la vie quotidienne quand il n'y avait pas encore l'eau dans les maisons.**

Un allumeur de réverbères en 1905

On a également éclairé les rues. Chaque soir, des employés de la ville allumaient un à un les réverbères à gaz. Le matin, ils passaient les éteindre.

6 Imagine la vie en ville quand les rues n'étaient pas éclairées la nuit.

7 **De nos jours, quelle énergie permet d'éclairer les rues ?**

8 **Quels autres travaux a-t-on pu faire au XIXe siècle dans les villes pour les améliorer ?**

vards, et on les borda de trottoirs. On mit également en place des transports en commun : omnibus à cheval puis à moteur, tramways et métros. On amena l'eau potable et le gaz dans les habitations, on évacua les eaux sales par des égouts souterrains, on mit en place un ramassage régulier des poubelles, on éclaira les rues à l'aide de lampadaires à gaz. On construisit des monuments, on planta des arbres et on créa des jardins.

VOCABULAIRE

la banlieue : les quartiers autour d'une ville.
les égouts : le réseau par lequel on évacue les eaux sales.
l'exode rural : le départ des populations des campagnes vers les villes, à la recherche de meilleures conditions de vie.
insalubre : mauvais pour la santé.
un omnibus : un véhicule qui transporte des voyageurs en s'arrêtant dans de nombreux endroits.
rénover : remettre à neuf.

1100 1200 1300 1400 1500 1600 1700 1800 1900 2000

9 Le mobilier urbain

Transformée au XIXe siècle, la rue est devenue un espace utile et pratique, que l'on a alors équipé de mobilier urbain.

A De la rue promenade…

Foire de Noël à Strasbourg, tableau vers 1860

1. Décris cette scène.
2. À ton avis, la rue était-elle aussi animée toute l'année ?

Autrefois, la rue était un lieu de loisirs. On s'y promenait avec ses amis. On y flânait pendant la journée ou le soir pour voir les vendeurs ambulants et les petits spectacles.

3. Et toi, où vas-tu pour te promener ?

B … à la rue utile

Le boulevard des Capucines à Paris, tableau de 1889

4. Que font les personnes que tu peux voir ici ?
5. L'ambiance est-elle la même que dans la rue précédente ?

Au XIXe siècle, la rue est devenue un lieu pratique, dans lequel on ne faisait plus que se déplacer. Les vendeurs ambulants et les spectacles sont devenus rares. Les enfants ont appris à ne plus jouer sur la chaussée.

C Des équipements et des œuvres d'art

Au XIXe siècle, on a installé dans les rues des équipements utiles : des bancs sur lesquels s'asseoir, des lampadaires pour éclairer la rue…
Ils ont contribué au confort des passants mais aussi à la beauté des villes.

Une colonne Morris installée en 1880

Sur ces colonnes, on affichait – on affiche toujours – le programme des spectacles.

6 **Décris cette colonne.**

7 **En as-tu déjà vu une ?**

Un kiosque à journaux installé au XIXe siècle

8 **Décris ce kiosque.**

9 **Quels sont les points communs avec la colonne Morris ?**

10 **Y a-t-il un kiosque à journaux près de chez toi ? Ressemble-t-il à celui-ci ?**

Une bouche de métro de 1910 à Paris

Cette « bouche » de métro est caractéristique de l'Art nouveau : un style artistique utilisant des formes libres, inspirées de la nature.

11 **Les Parisiens appelaient cette « bouche » de métro la « libellule » : quelles parties évoquent cet insecte ?**

1100 1200 1300 1400 1500 1600 1700 1800 1900 2000

10 Le monde rural à l'âge industriel

Loin de la ville et de ses bouleversements, le monde rural a, lui aussi, connu de profondes transformations au XIXe siècle.

→ A Les transformations du travail

La récolte des foins, tableau de Camille Pissarro, 1887

1. Décris le travail de ces paysans.
2. Était-il facile ?
3. En quoi ce travail était-il saisonnier ? À quelles saisons y avait-il le plus de travail ? le moins de travail ?
4. Que pouvaient faire les paysans en hiver pour gagner de l'argent ?

La batteuse à vapeur, publicité vers 1910

5. Décris cette machine.
6. En quoi facilitait-elle le travail des agricultrices et des agriculteurs ?
7. À ton avis, tous les paysans en possédaient-ils une ? Pourquoi ?

Les transformations du travail DOC. A

Au XIXe siècle, les paysannes et les paysans travaillaient encore à la main avec des outils simples. Les journées étaient longues, le travail épuisant, la vie difficile. Progressivement, les plus riches ont commencé à acheter les premières machines agricoles : des moissonneuses et des batteuses à vapeur. Cela leur a permis de produire davantage. Ils se sont alors spécialisés dans certaines cultures qu'ils vendaient de plus en plus loin, grâce au transport par le train.

La vie au village DOC. B

Au XIXe siècle, les campagnes étaient très peuplées. Les paysans passaient de longues heures à travailler sur leurs terres mais, de temps en temps, ils se retrouvaient au village : pour aller à la messe, pour acheter à l'épicerie ce qu'ils ne produisaient pas (savon, allumettes…) ou pour faire appel aux artisans, comme le forgeron, qui fabriquait les outils agricoles et ferrait les chevaux… Ils y rencontraient leurs voisins, ils participaient aux fêtes.

B La vie au village

Un mariage en Bretagne, tableau de 1863

8 Que font ces personnes ?

9 Décris les costumes de l'époque.

10 À quelles occasions faisait-on la fête au village ?

C L'exode rural

11 Dans cette histoire : qui parle à qui ? Que dit-il ? Que veut-il faire ? Pourquoi ?

Père, je m'en vais ! J'en ai assez ! C'est fini ! Je ne veux plus remuer la terre, je ne veux plus soigner les bêtes, je ne veux plus m'épuiser à 27 ans, pour gagner de l'argent qui passe à payer la ferme : voilà ! Ils m'ont accepté dans les chemins de fer. Je commence demain. J'emmène Éléonore. Elle en a assez elle aussi. Elle a trouvé une bonne place dans un café. Elle y gagnera plus que chez vous.

D'après René Bazin, *La terre qui meurt*, 1899

L'exode rural DOC. C

Au XIXe siècle, la médecine et l'hygiène ont fait des progrès. Cela a permis de mieux soigner les gens et de les faire vivre plus longtemps. La population française a alors augmenté : elle est passée de 27 millions d'habitants en 1800 à 38 millions en 1900. Dans les campagnes, les paysans sont devenus trop nombreux pour les terres disponibles. Beaucoup sont alors partis en ville pour y trouver un travail : c'est l'exode rural.

VOCABULAIRE

ferrer un cheval : lui clouer un fer sous le sabot pour empêcher qu'il s'use.

l'hygiène : les règles de propreté à respecter pour être en bonne santé.

la messe : la cérémonie à laquelle les catholiques participent, notamment le dimanche et les jours de fêtes religieuses.

saisonnier : qui varie selon les saisons ; un travail saisonnier est plus intense à certaines époques de l'année.

11 LE MONDE PAYSAN VU PAR LES PEINTRES

Au XIXe siècle, les artistes se sont passionnés pour le monde rural, dont ils ont donné des images diverses.

→ A Un monde de travail

La récolte des pommes de terre, tableau de Camille Pissarro, 1874

Autrefois, les peintres représentaient la campagne mais rarement les paysans qui y travaillaient. Au XIXe siècle, au contraire, des peintres se sont intéressés au travail et à la vie des paysans.

1. Que font ces paysans ?
2. Quelle saison est représentée ?
3. L'artiste a-t-il peint avec précision ou joué sur les couleurs pour suggérer ?

→ B Une vie de misère

La pauvresse de village, tableau de Gustave Courbet, 1866

Certains peintres ont représenté la misère des paysans les plus pauvres.

4. Décris cette scène.
5. Quelle saison est représentée ?
6. En quoi cela accentue-t-il l'impression de misère ?

→ C Une vie traditionnelle

L'angélus, tableau de Jean-François Millet, 1857-1859

Ce tableau, très célèbre, représente le moment où la cloche de l'église sonne l'angélus (la prière) du soir.

7 Dis ce que tu vois au premier plan ; à l'arrière-plan.

8 Comment est la lumière ?

9 Quelle atmosphère se dégage de ce tableau ?

→ D Une vie idéalisée

La sieste, tableau de Vincent Van Gogh, 1889

10 Décris cette scène.

11 Quelle impression donne-t-elle ?

12 Quelle saison est représentée ?

13 Quelles couleurs sont utilisées pour la suggérer ?

14 L'artiste a-t-il peint avec précision ou joué sur les couleurs pour suggérer ?

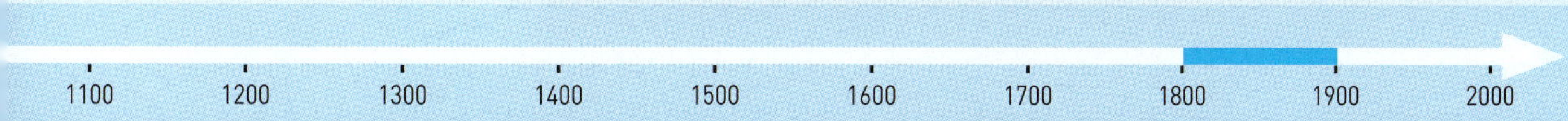

12 LES HÉRITAGES DE L'ÂGE INDUSTRIEL

Profond bouleversement dans l'histoire de la France, l'âge industriel a préparé notre monde d'aujourd'hui.

→ A La France urbaine

La ville de Lille en hiver

1. **Quels éléments de ce paysage montrent que cette ville existe depuis longtemps ?**
2. **Quels éléments montrent que la photo a été prise de nos jours ?**

Les villes existent depuis l'époque gallo-romaine. Mais, pendant longtemps, la majorité de la population française a vécu à la campagne. C'est à partir du XIXᵉ siècle que la France est devenue urbaine : de nos jours, la grande majorité des Français vivent en ville.

→ B Un nouveau monde du travail

Au XIXᵉ siècle, de nouveaux emplois sont apparus : le travail en usine, mais aussi le travail dans les bureaux. Ce dernier s'est encore développé au XXᵉ siècle.

3. **À ton avis, qu'est-ce qui a changé dans le travail de bureau entre le XIXᵉ siècle et la période actuelle ?**

1 100 200 300 400 500 600 700 800 900

C Vers la consommation de masse

Publicité de 1875

4 **Décris cette publicité.**

5 **Quel est son message ?**

L'industrialisation a permis de fabriquer des produits plus nombreux et plus variés. Au XIXe siècle, pour ceux qui avaient de l'argent, acheter est devenu un plaisir. La publicité a été créée à cette époque, pour inciter à acheter toujours plus. Au XXe siècle, cela a donné naissance à la « société de consommation ».

D Le problème du développement durable

Usines à Asnières, tableau de Vincent Van Gogh, 1887

Au XIXe siècle, on pensait que les ressources étaient illimitées.
On croyait aussi que la pollution n'était pas grave : elle disparaîtrait d'elle-même.
On n'a donc pas pris soin de la planète. Cela a continué durant une grande partie du XXe siècle.

6 **Quelle pollution vois-tu sur ce tableau ?**

7 **Quelle est l'atmosphère de ce paysage : inquiétante ou paisible ?**

8 **À ton avis, le peintre a-t-il conscience du danger que ces fumées représentent ?**

EMC **9** **De nos jours, pourquoi se préoccupe-t-on tant de la pollution et du développement durable ?**

1100 1200 1300 1400 1500 1600 1700 1800 1900 2000

Je fais le bilan du **chapitre 1**

Produire et travailler à l'âge industriel

1 Je peux nommer au moins trois transformations du xixe siècle dues à l'invention de la machine à vapeur et à la découverte de nouvelles énergies.

2 Je peux écrire un petit texte pour raconter, au choix, la vie de ceux qui travaillaient à la mine, à l'atelier, à l'usine, dans les grands magasins ou dans les champs, au xixe siècle.

La transformation des villes à l'âge industriel

3 Je peux expliquer pourquoi les villes se sont agrandies au xixe siècle.

4 Je peux donner au moins trois exemples de la transformation des villes du xixe siècle.

Le temps de la République

2

13 1892 : LA RÉPUBLIQUE FÊTE SES CENT ANS

Qu'est devenue la France après la disparition de l'empire de Napoléon ?

A L'année 1892

Affiche pour le centenaire de la République française, 1892

1. Décris cette affiche : les textes, les images.
2. Que s'est-il passé en 1792 ?
3. EMC Sur l'affiche, repère au moins un symbole de la République française.
4. Comment est l'atmosphère : paisible ou agitée ? Quelle image cela donne-t-il de la République ?
5. Retrouve les symboles du progrès économique :
   - une « corne d'abondance », symbole de richesse ;
   - des agriculteurs au travail dans les champs ;
   - un engrenage, symbole du développement de l'industrie ;
   - un train, symbole du développement des transports.
6. Trouve, aux pieds de Marianne, un symbole représentant les arts.

L'année 1892 DOC. A

En 1892, la France était une république. Le pays a alors fêté le centenaire de la Première République, celle proclamée en 1792, pendant la Révolution française. Les Français étaient attachés à la République. Le 22 septembre 1892 fut donc marqué par une grande fête, avec des défilés, des cortèges, des chars. Place de la République à Paris, on chanta *La Marseillaise*.

Avant 1892 DOC. B

La Première République avait pris fin avec le coup d'État puis l'empire de Napoléon Bonaparte. Une Seconde République avait été instaurée en 1848 mais n'avait duré que quatre ans. La Troisième République avait été proclamée en 1870 (document page 35). Entre-temps, la France avait connu d'autres régimes politiques. Elle avait également vécu plusieurs révolutions, moins importantes que celle de 1789.

1 | 100 | 200 | 300 | 400 | 500 | 600 | 700 | 800 | 900

B Avant 1892

La Liberté guidant le peuple, tableau d'Eugène Delacroix, 1830

7 Décris ce tableau.

8 Cherche un adjectif pour dire l'impression qui s'en dégage.

9 Dans une peinture classique, les personnages sont organisés avec ordre : comment sont-ils disposés ici ?

10 D'après la frise chronologique, depuis quel siècle la France est-elle une république ?

C Après 1892

11 Quels éléments du texte rappellent la Révolution française ?

12 Quel article dit que, en 1958, la France est encore une république ?

EMC 13 L'est-elle de nos jours ?

EMC 14 Qui, de nos jours, possède le pouvoir en France ?

La constitution est la loi fondamentale qui organise le pouvoir.

Le peuple français proclame solennellement son attachement aux Droits de l'homme définis par la Déclaration de 1789.

Article 1. La France est une République indivisible, laïque, démocratique et sociale.

Article 2. La langue de la République est le français.
L'emblème national est le drapeau tricolore, bleu, blanc, rouge.
L'hymne national est « La Marseillaise ».
La devise de la République est « Liberté, Égalité, Fraternité »...

Article 3. Le pouvoir appartient au peuple qui l'exerce par ses représentants et par le référendum. Sont électeurs... tous les Français majeurs des deux sexes...

D'après la Constitution de la Cinquième République, 1958

Après 1892 DOC. C

Depuis la fin du XIXe siècle, la France est une république. Les Français sont attachés à ce régime politique, qui protège leurs libertés et l'égalité en droits. Le pays a changé de Constitution en 1946 (Quatrième République) et en 1958 (Cinquième République), pour mieux organiser le pouvoir. Mais la France est restée une république démocratique. Actuellement, nous sommes sous la Cinquième République.

VOCABULAIRE

un centenaire : un anniversaire de 100 ans.

démocratique : qualifie un État dans lequel le pouvoir appartient au peuple, qui s'exprime par le vote.

un référendum : un vote des citoyens qui doivent répondre par oui ou par non à une question.

un régime politique : la manière dont est organisé le pouvoir dans un pays.

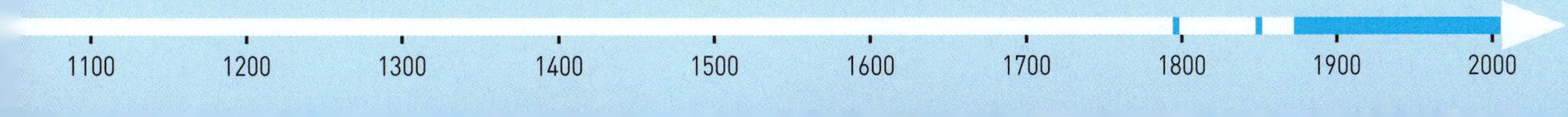

14 LES SYMBOLES RÉPUBLICAINS

La Révolution française puis la République au XIXe siècle ont adopté les grands symboles républicains que nous utilisons encore de nos jours.

→ A Le drapeau tricolore

Fête du 30 juin 1878, tableau de Claude Monet, 1878

Le drapeau bleu blanc rouge, adopté par les révolutionnaires en 1794, est devenu un symbole national.

1. **Décris ce document.**
2. **Comment est l'atmosphère dans cette rue ?**
3. EMC **Où, habituellement, peux-tu voir le drapeau tricolore ?**

→ B La fête nationale

En 1880, les députés ont choisi le 14 juillet comme fête nationale. Ils ne pouvaient pas commémorer la prise de la Bastille, qui avait fait des morts. Ce jour-là, on rappelle donc la fête de la Fédération, le 14 juillet 1790, journée de réconciliation nationale.

4. EMC **De nos jours, quand et comment célèbre-t-on la fête nationale ?**

1 100 200 300 400 500 600 700 800 900

C La devise républicaine

La devise a été créée sous la Révolution et adoptée sous la Troisième République. Elle figure sur les bâtiments publics. Elle représente un idéal que chacun doit s'efforcer de respecter.

EMC **5 Quelle est la devise française ?**

EMC **6 Donne un exemple pour expliquer chaque mot.**

D Marianne

La République française est souvent représentée sous les traits d'une femme que l'on appelle Marianne. Elle porte souvent un bonnet rouge, symbole de la liberté pendant la Révolution. Son buste orne de nombreuses mairies.

7 Sur cette photographie, repère Marianne.

EMC **8 Quels drapeaux reconnais-tu ?**

E La Marseillaise

Supporters de l'équipe de France en train de chanter *La Marseillaise*

La Marseillaise, composée en 1792, a été choisie comme hymne national de la France en 1879.

EMC **9 À quelles occasions chante-t-on *La Marseillaise* ?**

15 L'ÉCOLE PRIMAIRE GRATUITE, LAÏQUE ET OBLIGATOIRE

L'une des plus importantes décisions prises par la République, à la fin du XIXe siècle, concernait les enfants.

A Des enfants au travail

Enfants transportant de l'argile dans une fabrique de briques, gravure du XIXe siècle

16 à 18 heures debout, chaque jour, dont 13 heures au moins dans une pièce fermée, sans changer de place. Ce n'est plus un travail, c'est une torture. Et on l'inflige à des enfants de 6 à 8 ans, mal nourris, mal vêtus, obligés de marcher longuement, dès 5 heures du matin, pour venir jusqu'à leurs ateliers, et obligés de repartir le soir pour rentrer chez eux, épuisés. Comment ces malheureux, qui ont à peine quelques heures de sommeil, peuvent-ils résister à tant de misère et de fatigue ?

D'après Louis-René Villermé, médecin, 2 mai 1837

1. Dis ce que tu vois sur cette gravure.
2. À quoi vois-tu que ces enfants sont pauvres ?
3. À quoi vois-tu que le travail est difficile ?
4. Lis le texte et explique ce que dit ce médecin.
5. Quel était l'avenir des enfants qui travaillaient dès leur plus jeune âge ? Pourquoi ?

Des enfants au travail DOC. A

Autrefois, la plupart des enfants travaillaient : dans les champs, à la mine, à l'atelier ou à l'usine… Ils effectuaient des tâches pénibles, pendant de longues journées. Ils rapportaient ainsi de l'argent à leur famille. Devenus adultes, faute d'être allés à l'école, ils n'avaient d'autre choix que de continuer le même métier, épuisant et mal payé. Seuls les fils de la bourgeoisie allaient régulièrement à l'école.

L'école gratuite et laïque DOC. B

En 1881, Jules Ferry, ministre de l'Instruction, fit voter une loi rendant l'enseignement gratuit dans les écoles publiques. De cette manière, même les filles et les garçons les plus pauvres pouvaient aller à l'école. En 1882, pour respecter les croyances de chacun, il fit voter une loi rendant l'enseignement laïc dans ces écoles. Le catéchisme était remplacé par l'instruction civique et morale. Les prêtres et les religieuses devaient enseigner dans les écoles privées.

1 100 200 300 400 500 600 700 800 900

→ B L'école gratuite et laïque

6 En quoi l'école gratuite permet-elle une meilleure égalité entre tous ?

Dans les écoles de Paris en 1882

En 1882, on a retiré les croix, symboles de la religion catholique, des écoles devenues laïques.

7 Explique pourquoi on retire cette croix de la classe.

8 En quoi l'école laïque permet-elle une meilleure égalité entre tous ?

→ C L'école obligatoire

9 Explique les articles de cette loi.

10 Pourquoi fallait-il rendre l'école gratuite et laïque avant de la rendre obligatoire ?

EMC 11 En quoi l'école obligatoire participe-t-elle à la liberté des enfants ?

Article 4. L'instruction est obligatoire pour les enfants, garçons et filles, âgés de 6 ans à 13 ans.

Article 10. Lorsqu'un enfant manque l'école, les parents doivent expliquer au directeur ou à la directrice les raisons de son absence. Les seules raisons valables sont les suivantes : maladie de l'enfant, décès d'un membre de la famille, difficulté dans les transports.

Article 12. Lorsqu'un enfant sera absent de l'école quatre fois dans le mois sans raison valable, le père sera invité à la mairie, qui lui rappellera le texte de la loi et lui expliquera son devoir.

Article 13 et 14. S'il recommence, il pourra avoir une condamnation.

D'après la loi du 28 mars 1882

L'école obligatoire DOC. C

La loi de 1882 rendit également l'école obligatoire pour toutes les filles et tous les garçons de 6 à 13 ans. Les enfants vivant en France ont alors quitté les usines, les ateliers et les mines. Dans les champs, ils ne travaillaient plus que le dimanche et pendant les vacances, notamment en été pour les moissons. Les progrès furent spectaculaires : au début du XXe siècle, la majorité des Français savaient lire et écrire.

VOCABULAIRE

le catéchisme : l'enseignement de la religion aux enfants catholiques.

une école privée : une école qui appartient à une personne, à une église.

une école publique : une école qui appartient à la population, qui dépend de l'État, de la région, du département ou de la commune.

l'instruction : l'enseignement, à l'école ou à la maison.

laïc, laïque : indépendant des religions.

16 L'ÉCOLE PRIMAIRE AU TEMPS DE JULES FERRY

En 1882, chaque commune a créé des écoles pour accueillir les filles et les garçons en âge d'aller en classe.

A Classe de garçons et classe de filles vers 1900

1. Comment les élèves sont-ils installés ?
2. Qu'est-ce que ce maître et cette maîtresse leur apprennent ?
3. Repère un indice qui montre que ces élèves font aussi de la géographie ; de l'EMC.
4. Trouve des différences et des ressemblances entre ces classes et la tienne.

1 100 200 300 400 500 600 700 800 900

→ B Les programmes

5 Lis les programmes scolaires de 1882 et dis quelles matières on étudie encore de nos jours à l'école.

EMC 6 Que penses-tu des deux dernières lignes ?

L'enseignement primaire comprend :
- l'instruction morale et civique ;
- la lecture et l'écriture ;
- la langue et la littérature française ;
- la géographie, particulièrement celle de la France ;
- l'histoire, particulièrement celle de la France ;
- les éléments de sciences et de mathématiques ;
- l'hygiène, les travaux manuels et les outils des principaux métiers ;
- le dessin et la musique ;
- la gymnastique ;
- pour les garçons, les exercices militaires ;
- pour les filles, la couture.

D'après la loi du 28 mars 1882

→ C Le matériel et la discipline

Couverture de livre vers 1885

7 Comment ce livre s'appelle-t-il ?

8 Regarde l'image « C » et les photographies p. 42 : quel matériel scolaire utilisait-on en classe ?

9 Et toi, utilises-tu le même matériel ?

10 Regarde l'image « A » : comment les élèves mangeaient-ils à midi ?

11 Et toi, où déjeunes-tu ?

Les maîtres et les maîtresses étaient sévères. Si un élève ne savait pas répondre à une question, ils pouvaient l'envoyer « au piquet », lui donner des coups de règle sur les doigts, lui tirer l'oreille ou encore lui faire porter un bonnet d'âne.

12 Décris l'image « B ».

EMC 13 En quoi le bonnet d'âne était-il une punition humiliante ?

EMC 14 Est-elle toujours autorisée ?

17 LA RÉPUBLIQUE ET LES LIBERTÉS

La République a raffermi et complété les libertés acquises sous la Révolution.

A L'abolition de l'esclavage

L'abolition de l'esclavage dans les colonies françaises en 1848, tableau de 1849

1. Décris ce tableau : le lieu, les personnes...
2. Quel indice prouve que la scène se déroule dans un territoire français ?
3. Quelle nouvelle ce député vient-il annoncer ? Comment est son attitude ?
4. Comment est l'attitude des esclaves noirs ? Pourquoi ?

L'abolition de l'esclavage DOC. A

La Révolution avait reconnu le droit à la liberté pour les hommes, mais pas pour les femmes ni pour les esclaves dans les colonies. La situation des esclaves choquait un nombre croissant de personnes. En 1848, grâce à Victor Schœlcher, la Seconde République a voté l'abolition de l'esclavage. Devenus libres, les esclaves furent payés pour leur travail, comme les autres travailleurs, et purent choisir leur métier et leur mode de vie.

Des libertés importantes DOC. B

Les députés de la Troisième République ont voté des lois qui ont accordé des libertés importantes aux Français. Ceux-ci ont obtenu la liberté de penser (avoir ses propres opinions) et la liberté d'expression (pouvoir les dire et les écrire). Les journaux se sont alors multipliés. Les Français ont également obtenu la liberté de se réunir et de créer des associations et des syndicats. La France est ainsi véritablement devenue une démocratie.

1 100 200 300 400 500 600 700 800 900

B Des libertés importantes

Vendeur de journaux, gravure de 1893

5 Qu'est-ce que la liberté d'expression ?

6 Trouve au moins deux raisons pour lesquelles, au XIXe siècle, la presse s'est développée.

7 De nos jours, voit-on encore des scènes comme celle-ci dans la rue ? Pourquoi ?

EMC 8 Quels articles de la Déclaration des droits de l'homme et du citoyen garantissaient déjà, en principe, la liberté de la presse ?

C La laïcité

Article 1. La République assure la liberté de religion. Elle garantit le libre exercice des cultes.

Article 2. La République ne reconnaît ni ne paye aucun culte.

Article 26. Les sonneries des cloches seront réglées par la mairie ou par la préfecture.

Article 28. Il est interdit de mettre aucun signe religieux sur les monuments publics.

Article 35. Si un discours prononcé ou un texte distribué dans les lieux de culte invite une partie des citoyens à prendre les armes contre les autres, le responsable sera puni d'un emprisonnement de trois mois à deux ans.

D'après la loi du 9 décembre 1905

9 Quels droits cette loi accorde-t-elle ?

10 Quelle limite cette loi pose-t-elle à la liberté religieuse ? Pourquoi ?

EMC 11 En quoi la laïcité protège-t-elle notre liberté ?

12 Sous quel roi la France a-t-elle connu une guerre civile à cause des religions ?

La laïcité DOC. C

La Déclaration des droits de l'homme et du citoyen de 1789 proclamait la liberté pour chacun de choisir sa religion. Cette liberté a été confirmée en 1905 par une loi qui a mis fin à l'alliance entre l'Église et le pouvoir : l'État est devenu laïc. Depuis, il ne soutient plus aucune religion. La laïcité protège chacun dans sa liberté d'avoir ses croyances et de pratiquer la religion de son choix, ou de n'en pratiquer aucune.

VOCABULAIRE

l'abolition : la suppression, l'interdiction, la fin.

une association : un groupe reconnu de personnes qui agissent ensemble dans un même but.

une colonie : un territoire dominé par un pays lointain.

le culte : les cérémonies religieuses.

une démocratie : un État dans lequel le pouvoir appartient à tous.

un syndicat : une association de travailleurs qui défendent leurs intérêts communs.

1100 1200 1300 1400 1500 1600 1700 1800 1900 2000

18 La République et l'égalité ?

La République a raffermi et complété l'égalité en droits acquise sous la Révolution.

A Le droit de vote pour les hommes

Bureau de vote, tableau de 1891

1. Décris ce bureau de vote : le lieu, les symboles républicains, les personnes…
2. EMC En 1848, tous les hommes ont eu le droit de voter pour la première fois : en quoi cela représentait-il un progrès ?
3. Qui, en 1848, n'avait toujours pas le droit de vote ?
4. EMC Que penses-tu de cette situation ?

Le droit de vote pour les hommes DOC. A

En France, depuis la Révolution, le pouvoir appartient au peuple, qui s'exprime par ses représentants. Mais dans la première moitié du XIXe siècle, seuls les hommes riches avaient le droit de voter. Les autres n'étaient pas considérés comme suffisamment responsables. En 1848, sous la Seconde République, une loi a accordé le droit de vote à tous les hommes de plus de 21 ans : c'était le suffrage masculin.

Quels droits pour les femmes ? DOC. B

À la même époque, les femmes étaient traitées comme inférieures aux hommes. Elles devaient obéir à leur mari. Elles ne faisaient pas d'études. Elles ne possédaient rien, devaient avoir leur autorisation pour travailler et ne pouvaient pas divorcer. Leurs salaires étaient très bas. Elles n'avaient pas le droit de voter et on ne les écoutait pas lorsqu'elles donnaient leur avis sur l'organisation de la société. Tout au long du XIXe siècle, des femmes et des hommes se

B Quels droits pour les femmes ?

5 Lis le texte. Que dit-il ?

6 Explique la dernière phrase.

Il est douloureux de le dire : dans la société, il y a une esclave. Cette esclave, c'est la femme. L'homme a fait verser tous les droits de son côté et tous les devoirs du côté de la femme. La femme ne possède pas, elle ne vote pas, elle ne compte pas, elle n'est pas là. Il y a des citoyens, il n'y a pas de citoyennes. Il faut que cela cesse. Une société est mal faite quand la femme n'a pas le droit de prendre des initiatives. Et l'on reconnaîtra qu'il est difficile de faire le bonheur de l'homme avec la souffrance de la femme.

D'après une lettre de Victor Hugo, 8 juin 1872

Manifestation en 1910

7 Décris ces personnes.

8 Lis les pancartes : que réclament-elles ? Quels sont les arguments utilisés ?

9 Les femmes ont obtenu le droit de vote en 1944 : combien de temps après les hommes ?

EMC 10 Les inégalités entre femmes et hommes ont-elles toutes disparu en France ? Donne des exemples.

sont mobilisés contre ces inégalités. Ainsi, en 1882, l'enseignement est devenu obligatoire pour les filles comme pour les garçons. En 1884, le droit de divorcer a été rétabli. En 1944, les femmes ont enfin obtenu le droit de vote : c'était le suffrage universel. Mais des inégalités continuent d'exister : il y a peu de femmes ministres, députées ou chefs d'entreprise. Les salaires des femmes restent inférieurs à ceux des hommes.

VOCABULAIRE

un bureau de vote : un lieu choisi et organisé pour pouvoir y voter.

un salaire : le paiement que reçoit une personne qui travaille dans une usine ou une entreprise.

le suffrage : le vote.

le suffrage universel : le droit de vote accordé à tous les citoyens d'un pays.

19 L'HÉRITAGE DE LA RÉPUBLIQUE : DES DROITS ET DES DEVOIRS

La République nous a accordé de nombreux droits. Elle nous donne aussi des devoirs.

→ A Des droits

1 Un bureau de vote
2 Extrait de la Charte de la laïcité à l'école
3 Une classe de CM2 à Nice

EMC 1 Regarde ces documents. Quels droits montrent-ils ?

EMC 2 En quoi montrent-ils la liberté accordée à chacun ?

EMC 3 En quoi montrent-ils l'égalité entre tous ?

EMC 4 Dans les autres pays, les citoyens ont-ils ces mêmes droits ?

3 | La laïcité garantit **la liberté de conscience** à tous. **Chacun est libre de croire ou de ne pas croire.** Elle permet la libre expression de ses convictions, dans le respect de celles d'autrui et dans les limites de l'ordre public.

B Des devoirs

File d'attente devant un bureau de vote, gravure de 1848

5 Pourquoi les hommes sont-ils venus aussi nombreux pour voter en 1848 ?

EMC 6 De nos jours, tous les citoyens votent-ils ?

EMC 7 En quoi le vote est-il aussi un devoir du citoyen ?

Des élèves de CM2

EMC 8 Qu'est-ce que la tolérance ?

EMC 9 Quelle partie de la devise républicaine nous donne le devoir de nous montrer tolérants ?

EMC 10 Que faut-il faire pour se montrer tolérant ?

Extraits de la Charte de la laïcité à l'école

EMC 11 Quel devoir la Charte de la laïcité nous donne-t-elle ?

LA RÉPUBLIQUE EST LAÏQUE

L'ÉCOLE EST LAÏQUE

9 | La laïcité implique **le rejet de toutes les violences et de toutes les discriminations**, garantit **l'égalité entre les filles et les garçons** et repose sur une culture du respect et de la compréhension de l'autre.

14 | Dans les établissements scolaires publics, les règles de vie des différents espaces, précisées dans le règlement intérieur, sont respectueuses de la laïcité. **Le port de signes ou tenues par lesquels les élèves manifestent ostensiblement une appartenance religieuse est interdit.**

1100 1200 1300 1400 1500 1600 1700 1800 1900 2000

Je fais le bilan du **chapitre 2**

La République

1 Je sais depuis quand la France est une République et je peux expliquer pourquoi les Français sont attachés à la République.

2 Je peux nommer au moins trois symboles de la République française.

Les actions de la République

3 Je sais quelle décision importante a été prise :
- en 1848 ;
- en 1882 ;
- en 1905 ;
- en 1944.

4 Je peux nommer :
- au moins deux libertés accordées par la République aux citoyens ;
- au moins deux actions menées par la République pour permettre l'égalité en droits.

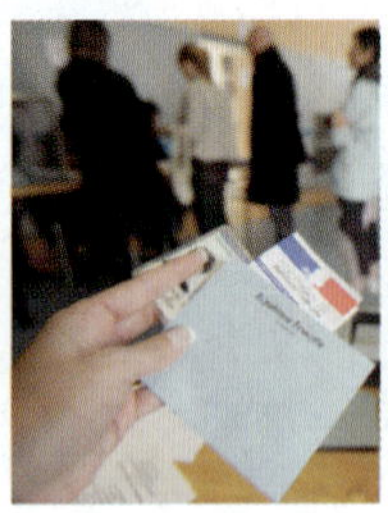

5 Je peux compléter cette phrase :
en 1881-1882, en France, l'école est devenue ..., ... et ...

6 Je sais pourquoi l'école est devenue obligatoire.

7 Je suis capable de décrire une classe à l'époque de Jules Ferry.

8 Je peux expliquer en quoi la laïcité protège nos droits.

3

La France, des guerres mondiales à l'Union européenne

21 La Première Guerre mondiale (1914-1918)

Au début du XXe siècle, l'Europe était déchirée par de profondes rivalités entre les pays européens.

A Une guerre mondiale

La Première Guerre mondiale en Europe

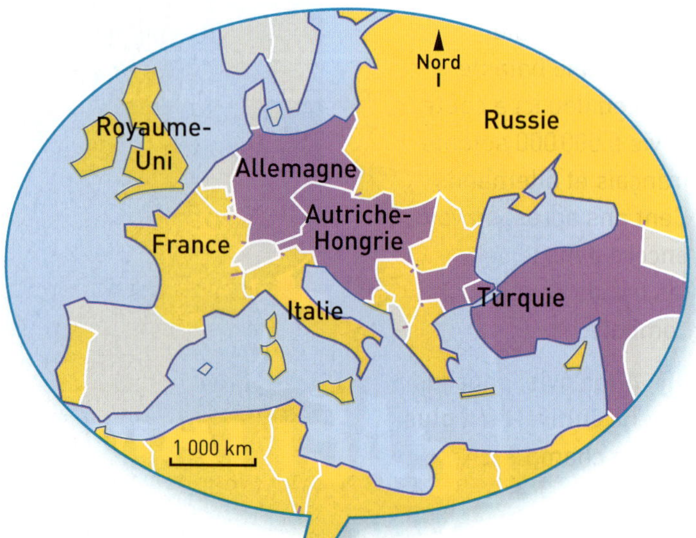

1. Observe la carte du haut : quel continent représente-t-elle ?
2. Quels étaient les pays alliés avec la France ?
3. Quels étaient les pays en guerre contre la France ?

La Première Guerre mondiale dans le monde

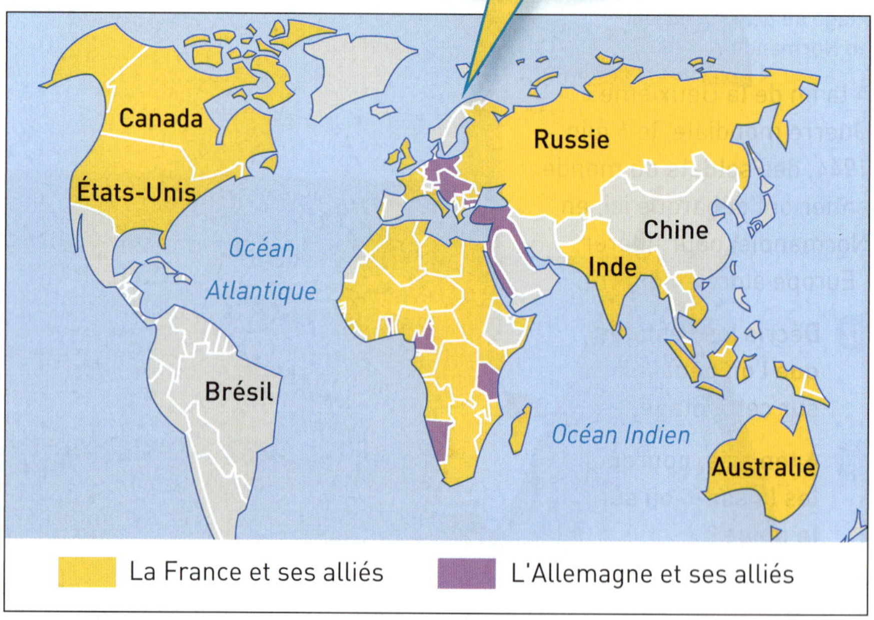

4. Observe la carte du bas : quel espace représente-t-elle ?
5. Nomme les continents touchés par la guerre.
6. En quoi peut-on dire que cette guerre était mondiale ?
7. En dehors de l'Europe, quels étaient les pays alliés avec la France ?
8. Quel camp avait le plus grand nombre d'alliés ?

Une guerre mondiale DOC. A

Au début du XXe siècle, les pays européens étaient en rivalité et avaient noué des alliances, formant ainsi deux camps : l'Allemagne et l'Autriche-Hongrie, d'un côté ; la France, le Royaume-Uni et la Russie, de l'autre. En 1914, ces deux camps se déclarèrent la guerre. Celle-ci se propagea à toute l'Europe puis à une grande partie du monde : les colonies, en Afrique et en Asie, puis les États-Unis qui se rallièrent à la France et au Royaume-Uni.

Une guerre totale DOC. B

La guerre prit une ampleur inconnue jusque-là. On se battait sur terre, mais aussi dans les airs avec les premiers bombardements aériens, sur et sous les mers avec les premiers sous-marins. Pour mieux tuer, on inventa de nouvelles armes : gaz asphyxiants, lance-flammes, mines… Toute la population était en guerre : ceux qui ne combattaient pas travaillaient pour fabriquer des armes et des munitions, approvisionner l'armée, soigner les blessés…

B Une guerre totale

La ville de Lens en France, en 1919

La Première Guerre mondiale n'a pas seulement tué des soldats : elle a également touché les civils, victimes des bombardements.

9 Quelles armes ont ainsi pu détruire cette ville ?

10 Quelles conséquences cette situation a-t-elle eues sur la vie quotidienne des habitants ?

C La fin de la guerre

11 Comment a-t-on annoncé l'armistice dans les campagnes ?

12 Quel bilan l'auteur fait-il de la guerre ?

13 Sur la frise chronologique, situe cette guerre.

Lorsque sonnèrent les cloches de l'armistice, je me trouvais dans mon village. C'était une admirable journée d'automne. Quel calme ! Quelle sérénité ! Et c'est dans ce silence que s'éveilla le vol des cloches. C'en était à jamais fini. À dater de cette heure, les hommes n'épuiseraient plus la joie de se sentir vivants. Je me souvenais de notre départ cinquante-deux mois auparavant. Ces souffrances que nous pressentions, ces horreurs, ces massacres, nous savions à présent que leur réalité avait dépassé de bien loin tout ce que nous imaginions.

D'après Maurice Genevoix, écrivain, *La Médaille militaire*, n° 460, 1988
© Société nationale des médaillés militaires, DR

La fin de la guerre DOC. C

En 1918, les Français et leurs alliés gagnèrent la guerre. Vaincue, l'Allemagne signa l'armistice le 11 novembre 1918.

Le conflit avait duré quatre ans et profondément marqué l'Europe : il avait fait plus de 18 millions de victimes, soldats et civils ; il laissait d'immenses champs de ruines et avait frappé les esprits par son ampleur et par sa violence.

VOCABULAIRE

un allié : une personne, un pays qui a une alliance avec une autre personne ou un autre pays et le soutient.

un armistice : un accord entre des ennemis pour arrêter les combats.

un bombardement : le lancement d'un grand nombre de bombes sur un lieu.

les civils : la population, par opposition aux soldats.

une mine : un engin explosif qui se déclenche quand on marche ou roule dessus.

1100 1200 1300 1400 1500 1600 1700 1800 1900 2000

22 La première guerre mondiale : les soldats dans les tranchées

En 1914, les soldats de chaque camp pensaient que la guerre serait vite gagnée. Mais rapidement, les ennemis se sont trouvés bloqués, face à face. Pour se protéger, chaque camp a alors creusé des « tranchées » dans lesquelles se terrer.

A Les combats

Les combats à Verdun, image de 1916

1. Comment les trous creusés permettaient-ils aux soldats de se protéger ?

Dans les tranchées, les soldats étaient toujours en alerte. Ils combattaient dans des conditions effroyables, sous un déluge de tirs de mitraillettes, d'obus, de lance-flammes, de gaz mortels. À chaque fois, ils tentaient de prendre la tranchée de l'ennemi pour le forcer à reculer dans une autre tranchée.

2. Lis le texte et décris l'attaque lancée par les soldats.
3. Que font-ils pour se donner du courage ?
4. Explique la dernière phrase.

Hier devait avoir lieu l'attaque d'une tranchée allemande. Au signal, les lieutenants s'élancent en criant : « En avant ! », « À l'assaut ! », « Pour la France ». L'un d'eux entonne *La Marseillaise*. Derrière eux, toute la troupe. Quel élan, quel enthousiasme pour ces hommes qui savent pourtant qu'ils n'ont aucune chance. Les lieutenants meurent, frappés à la tête. Les soldats tombent à leur tour. Hélas, on ne peut ni avancer ni reculer. Les vivants se couchent et tentent de mettre de la terre devant leur tête pour se protéger des balles. Il faut attendre la nuit. Au soir, un blessé me dit : « Ce qu'il faut souffrir pour la France. »

D'après une lettre du Dr Martin-Laval à sa sœur, 1915, cité dans J.-P. Guéno, Y. Laplume, J. Pecnard, *Paroles de poilus*, Tallandier, 1998

1 100 200 300 400 500 600 700 800 900

B La vie dans les tranchées

Quand ils ne montaient pas à l'assaut, les soldats vivaient dans les tranchées, pendant des semaines, des mois, sous le feu de l'ennemi, la peur au ventre, horrifiés par la mort de leurs camarades. Ils souffraient de la faim, du froid et de la pluie. Ils dormaient dans la boue, au milieu des cadavres et des rats.

Voilà près d'un mois que je ne me suis pas déshabillé et que je n'ai pas retiré mes chaussures. Je me suis lavé deux fois : dans une fontaine et dans un ruisseau près d'un cheval mort. On dort un quart d'heure de temps en temps. On dort debout, à genoux, assis, accroupi et même couché. On dort sur les chemins, dans les buissons, dans les tranchées, dans les arbres, dans la boue. On dort même sous la fusillade. Le silence seul réveille.

D'après une lettre d'André Fribourg, soldat, 1915, cité par Anovi, www.grande-guerre.fr

5 Lis ces textes, observe les photos et rassemble les informations sur :
- la nourriture ;
- le sommeil ;
- les conséquences du mauvais temps pour les soldats ;
- le bruit.

6 Imagine d'autres problèmes rencontrés par les soldats dans les tranchées.

C'est l'averse. Accroupis dans la tranchée, nous attendons. L'eau mouille lentement l'uniforme. Après 3 heures, je sens comme un doigt froid sur ma peau. C'est l'eau qui pénètre. Manteau, veste, pull, chemise ont été traversés. Après 15 heures, il pleut. La nuit froide glace l'eau de nos vêtements. Après 24 heures, il pleut.

D'après une lettre d'André Fribourg, soldat, au journal *L'Opinion*, 1915, cité par Anovi, www.grande-guerre.fr

Je viens de déjeuner, mais qu'est-ce qu'une demi-boule de pain pour une journée ! J'en ai mangé la moitié et j'ai encore plus faim. Rien que le matin, il me faudrait la boule entière !

Extraits d'une lettre d'Étienne Tanty, soldat, 1914, cité par Anovi, www.grande-guerre.fr

1100 1200 1300 1400 1500 1600 1700 1800 1900 2000

23 Les conséquences de la Première Guerre mondiale

Par son ampleur et par ses conséquences, la Première Guerre mondiale a influencé toute l'histoire du XXe siècle.

A La guerre « moderne »

Usine de fabrication d'obus en 1916

Pendant la guerre, l'industrie a fabriqué en masse des armes et des munitions. Elle a inventé des armes toujours plus terribles : la mitrailleuse, le lance-flammes, les gaz asphyxiants, les mines... C'est la première guerre « moderne » de l'histoire.

1. **Décris cette usine.**
2. **Pourquoi, pendant la guerre, les usines d'armement employaient-elles surtout des femmes ?**

Tir de missile en 2015

Depuis, l'industrie de l'armement a continué d'inventer et de fabriquer des armes toujours plus nombreuses et plus meurtrières.

3. **Connais-tu un endroit dans le monde où il y a actuellement la guerre ?**

1 100 200 300 400 500 600 700 800 900

B La dernière guerre ?

Affiche pour une exposition

La Guerre de 14-18 a profondément marqué l'opinion publique. Elle a provoqué la mort de plus de 9 millions de soldats et 9 millions de civils. Ceux qui sont revenus des tranchées étaient bouleversés par l'horreur de ce qu'ils avaient vu et vécu, notamment par la violence des combats. Tous pensaient que cette « Grande Guerre » comme on l'appelait alors devait servir de leçon : elle serait certainement la « dernière des dernières » guerres de l'histoire.

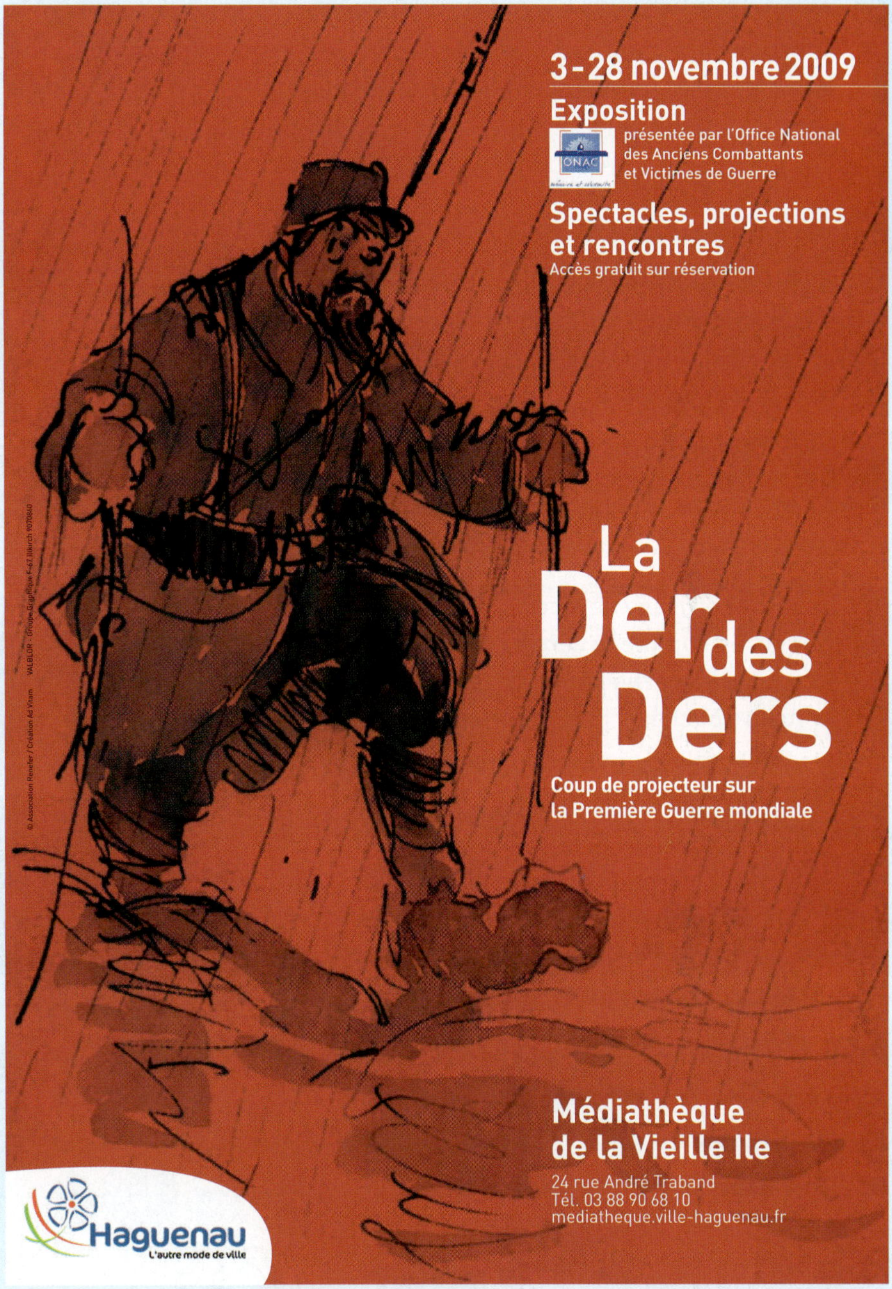

4 **Décris cette affiche.**

5 **De quand date-t-elle ?**

6 **Que signifie la « der des ders » ?**

7 **Dans ce texte, écrit par un Allemand 20 ans après la guerre, quels éléments sont inquiétants pour la paix ?**

Les Allemands, vaincus et humiliés par les conditions de paix qui leur étaient imposées, espéraient prendre leur revanche.

Nous ferons grandir une jeunesse devant laquelle le monde tremblera. Une jeunesse cruelle, qui n'aura peur de rien. Elle saura supporter la douleur. Elle ne sera ni faible ni tendre. Je la ferai s'entraîner à tous les exercices physiques. Ces jeunes gens apprendront à dompter la peur. L'Allemagne ne sera véritablement l'Allemagne que lorsqu'elle sera l'Europe. Tant que nous ne dominerons pas l'Europe, nous ne ferons que piétiner.

Hitler m'a dit, de Hermann Rauschning, 1939
© Librairie Arthème Fayard, 1991 © Librairie Arthème Fayard/Pluriel, 2012

24 La naissance de l'art moderne

La première moitié du XXe siècle a vu les arts se transformer pour donner naissance à l'art moderne.

A La peinture

Portrait de Nusch Éluard, de Pablo Picasso, 1937

Des peintres n'ont plus cherché à représenter la réalité telle qu'elle est mais telle qu'ils la ressentaient. Par exemple, ici, Picasso a représenté son modèle par des formes géométriques et sous deux angles différents à la fois.

1. **Décris cette femme : son visage, ses cheveux, sa veste, son chapeau, ses bijoux…**
2. **Regarde ce visage de face : prends en compte le cercle, y compris la partie jaune, toute la bouche, les deux yeux et le triangle blanc du nez.**

3. **Maintenant, regarde-le de profil : ne prends en compte que la partie bleue et blanche du visage, le trait vert qui figure le nez et seulement l'œil à gauche.**

Jaune-rouge-bleu de Vassily Kandinsky, 1925

Kandinsky a été l'un des premiers à faire de la peinture abstraite. Il traduisait ses émotions par un jeu de formes et de couleurs.

4. **Essaye de regarder ce tableau sans y voir des formes représentatives : remarque comme c'est difficile.**
5. **Repère la disposition des couleurs et explique le titre du tableau.**

1 100 200 300 400 500 600 700 800 900

→ B La sculpture

Constellation
d'Alexander Calder, 1943

Comme la peinture, la sculpture a cessé de représenter le monde réel pour privilégier les formes, les impressions, les couleurs et la composition.

6 Trouve un adjectif pour dire ce que tu ressens quand tu regardes cette œuvre.

→ C La chanson

À partir des années 1930, le développement de la radio a permis l'essor de la chanson populaire. On a alors beaucoup entendu les mélodies joyeuses et les textes poétiques de Charles Trénet.

7 Quels mots créent une atmosphère joyeuse ? une atmosphère poétique ?

Y'a d'la joie, bonjour bonjour les hirondelles
Y'a d'la joie, dans le ciel par-dessus le toit
Y'a d'la joie, et du soleil dans les ruelles
Y'a d'la joie, partout y'a d'la joie
Tout le jour, mon cœur bat, chavire et chancelle
C'est l'amour qui vient avec je ne sais quoi
C'est l'amour bonjour, bonjour les demoiselles
Y'a d'la joie, partout y'a d'la joie

Y'a d'la joie, 1937, paroles de Charles Trenet, musique Charles Trenet et Michel Emer, © Éditions Raoul Breton

→ D Le cinéma

Affiche de 1939

Inventé à la fin du XIXe siècle, le cinéma, en noir et blanc et muet, est devenu parlant et en couleur dans la première moitié du XXe siècle. Il est alors devenu un art populaire, qui attire nombre de spectateurs.

8 Qu'est-ce que cette affiche semble raconter de ce film ?

1100 1200 1300 1400 1500 1600 1700 1800 1900 2000

25 La deuxième guerre mondiale (1939-1945)

Après la Première Guerre mondiale, la paix en Europe est restée fragile.

A L'avancée allemande et japonaise

1 Relis le texte en bas de la page 59 : en 1939, Hitler dirigeait l'Allemagne. Que voulait-il ?

L'Europe au début de la Deuxième Guerre mondiale

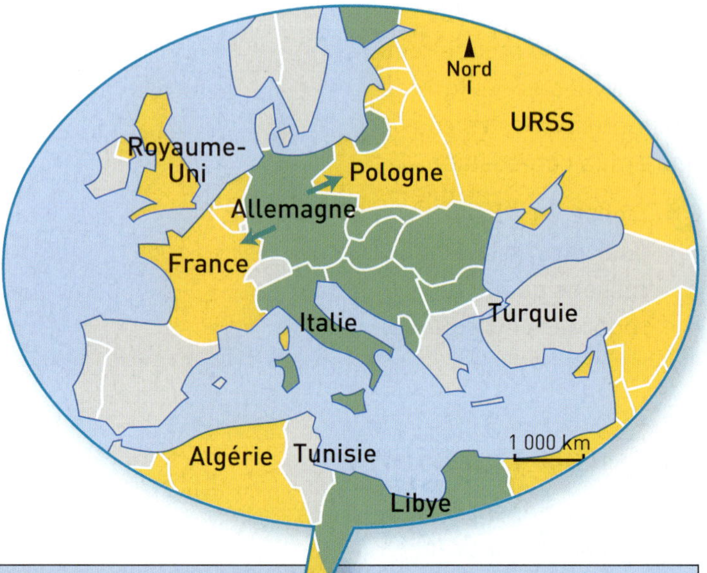

2 Observe la carte du haut : quels pays étaient alliés à l'Allemagne ?

3 Quels pays lui étaient opposés ?

La Deuxième Guerre mondiale dans le monde

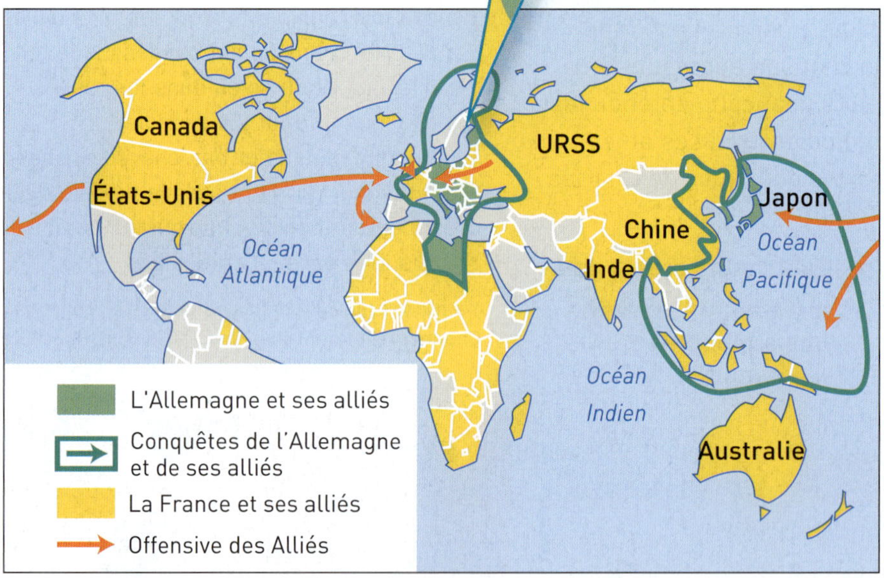

4 Observe la carte du bas : quel autre pays était dans le camp de l'Allemagne ?

5 Quels pays sont venus rejoindre les Alliés contre l'Allemagne ?

6 Quelles régions les Allemands et les Japonais ont-ils conquises durant la guerre ?

L'avancée allemande et japonaise DOC. A

En 1939, une nouvelle guerre éclata en Europe entre l'Allemagne nazie, décidée à conquérir l'Europe, et la France et le Royaume-Uni. Les troupes allemandes remportèrent des victoires fulgurantes. En 1941, l'Allemagne attaqua l'URSS et le Japon attaqua les États-Unis. La guerre s'étendit au monde. En 1942, l'Allemagne nazie exerçait sa domination sur l'Europe, tandis que le Japon prenait le contrôle des pays autour de l'océan Pacifique.

Une guerre totale DOC. B

Les armées s'affrontaient sur terre avec des chars, dans les océans avec des navires de guerre et des sous-marins, dans les airs avec des avions qui bombardaient sans relâche des zones comme la ville de Londres. Des villes entières étaient détruites. Les morts se comptaient par milliers chaque jour. Le conflit touchait autant les civils que les soldats. Dans les régions qu'ils occupaient, les nazis faisaient régner la terreur.

1 100 200 300 400 500 600 700 800 900

→ B Une guerre totale

Bombardement à Londres, 1940

7. Décris cette scène : le lieu, les personnes, l'atmosphère…
8. À ton avis, que s'est-il passé ?
9. Quelles ont été les conséquences pour les personnes qui vivaient ici ?

→ C La victoire des Alliés

Débarquement de troupes américaines en Normandie, le 6 juin 1944

En secret, les Alliés organisèrent un gigantesque débarquement de troupes, d'armes, de matériel et de véhicules. Grâce à cela, ils reprirent les territoires occupés par les Allemands.

10. Décris cette scène.
11. Imagine les difficultés de ce débarquement.

La victoire des Alliés DOC. C

À partir de 1943, les Alliés (Royaume-Uni, URSS, États-Unis et une partie de la France) arrêtèrent l'avancée allemande et japonaise. Les troupes américaines et britanniques débarquèrent et repoussèrent les Allemands en Europe de l'Ouest, tandis que les Soviétiques les faisaient reculer en Europe de l'Est. L'Allemagne capitula le 8 mai 1945. En août 1945, les États-Unis larguèrent deux bombes atomiques sur le Japon qui capitula à son tour.

VOCABULAIRE

les Alliés : pendant la Deuxième Guerre mondiale, les Britanniques, les Américains et les Soviétiques.

britannique : de Grande-Bretagne (Royaume-Uni).

capituler : s'avouer vaincu, se rendre à l'ennemi.

nazi : favorable au parti politique fondé par Hitler, dont le programme était raciste et guerrier.

les Soviétiques : les habitants de l'URSS.

l'URSS : la Russie et les territoires qu'elle dominait en Europe, au XXe siècle.

26 Le génocide des Juifs et des Tziganes

La Deuxième Guerre mondiale a été d'une horreur inouïe, car les nazis ont décidé d'exterminer les Juifs et les Tziganes.

→ A

L'antisémitisme

Anne Frank, jeune Juive allemande, a raconté dans son journal sa vie quotidienne.

EMC 1 Explique avec tes propres mots ce qu'est l'antisémitisme.

2 Quelles sont toutes les interdictions faites aux Juifs en 1942 ?

3 Explique la dernière phrase de ce passage.

Les juifs doivent porter l'étoile jaune ; les juifs doivent rendre leurs vélos, les juifs n'ont pas le droit de prendre le tram ; les juifs n'ont pas le droit de circuler en autobus, ni même dans une voiture particulière ; les juifs ne peuvent faire leurs courses que de trois heures à cinq heures ; les juifs ne peuvent aller que chez un coiffeur juif [...] ; les juifs n'ont pas le droit de fréquenter les théâtres, les cinémas [...] ; les juifs n'ont pas le droit d'aller à la piscine, ou de jouer au tennis [...]. Les juifs n'ont pas le droit d'entrer chez des chrétiens ; les juifs doivent fréquenter des écoles juives, et ainsi de suite, [...]. Jacque me disait toujours : « Je n'ose plus rien faire, j'ai peur que ce soit interdit ».

Journal d'Anne Frank, 1942, © 1992, 2001, Calmann-Lévy, Paris pour la traduction française par Philippe Noble et Isabelle Rosselin-Bobulesco

Un square à Paris pendant la guerre

4 Décris cette photo : le lieu, les enfants, la pancarte.

EMC 5 En quoi cette mesure est-elle contraire à la Déclaration des droits de l'homme et du citoyen de 1789 ?

L'antisémitisme doc. A

Les nazis affirmaient que les Allemands étaient une « race » supérieure qui devait dominer le monde, et que les Juifs et les Tziganes étaient des « races » inférieures. Ils votèrent des lois pour mettre les Juifs à l'écart de la société. Ils confisquèrent leurs biens. Ils leur interdirent d'aller dans certains endroits publics et d'exercer certains métiers. Ils les forcèrent à porter une étoile jaune sur leurs vêtements dans la rue. Ils leur retirèrent le droit de vote.

Le génocide doc. B

À partir de 1938, les nazis arrêtèrent en masse les Juifs et les Tziganes, en Allemagne puis dans les pays qu'ils occupaient en Europe. Ils les déportèrent dans des camps de concentration. Là, hommes, femmes et enfants menaient une vie très dure. À peine nourris, ils devaient effectuer des travaux pénibles. Ils vivaient dans la terreur. Ils étaient soumis à des mauvais traitements, mouraient de maladie et d'épuisement, ou étaient exécutés.

↑ B Le génocide

Arrivée de Juifs dans le camp d'Auschwitz en 1944

Les Juifs étaient déportés vers les camps de concentration. Pour cela, ils voyageaient plusieurs jours, debout, serrés, dans des wagons de marchandises. À leur arrivée, la plupart étaient directement envoyés dans les chambres à gaz.

6. **Décris cette photographie : le lieu, le train, la foule qui arrive, les soldats allemands, les anciens prisonniers reconnaissables à leurs vêtements…**
7. **Lis le texte et explique ce qui arrivait aux Juifs déportés dans les camps de concentration.**
8. **Pourquoi appelle-t-on les camps de concentration les « camps de la mort » ?**

En 1941, je reçus l'ordre d'organiser la « solution définitive » : je devais faire exterminer tous les Juifs d'Europe. Les exécutions massives par les gaz commencèrent. J'estime qu'au moins 2 500 000 victimes furent exécutées par les gaz. Un demi-million au moins mourut de faim ou de maladie, soit un chiffre total minimum de 3 millions de morts. Les autres furent employés au travail forcé dans les usines du camp. Les enfants en bas âge étaient systématiquement exterminés, puisqu'ils étaient incapables de travailler.

Témoignage de Rudolf Höss, ancien commandant du camp d'Auschwitz, 1945-1946

À partir de 1942, les nazis décidèrent d'exterminer les Juifs et les Tziganes. Ils multiplièrent les rafles pour les capturer tous. Ils les déportèrent massivement vers les camps. Là, ils les tuaient dans des chambres à gaz ou les laissaient mourir de faim et de maladie. Ce génocide a causé la mort de plus de 6 millions de Juifs et de 200 000 Tziganes.

VOCABULAIRE

l'antisémitisme : l'hostilité envers les Juifs.

un camp de concentration : un camp où l'on enferme des personnes et les soumet à des mauvais traitements.

déporter : envoyer dans un camp de prisonniers.

exterminer : tuer de manière systématique.

un génocide : l'extermination d'un groupe de personnes du fait de leurs origines ou de leur religion.

une rafle : l'arrestation de nombreuses personnes en un même lieu.

29 La construction européenne : bâtir la paix

Après la guerre, la France, l'Allemagne et d'autres pays avec eux ont décidé de tout faire pour que l'Europe devienne durablement une zone de paix.

→ A Une paix fragile

Le mur de Berlin en 1986

Construit en 1961, le « mur de Berlin » marquait la séparation de l'Europe en deux camps : les partisans des États-Unis à l'ouest, et ceux de l'URSS à l'est.

1. **Repère le mur, les deux côtés de la ville de Berlin, la zone interdite entre les deux, les soldats qui patrouillent…**
2. **À ton avis, pourquoi des artistes ont-ils peint ce mur ?**

Les dirigeants français (François Mitterrand) et allemand (Helmut Kohl) rendant hommage ensemble aux morts des deux guerres mondiales, 1984

3. **Dis ce que tu vois sur cette photographie.**
4. **Quel message ces dirigeants ont-ils voulu faire passer ?**

Une paix fragile DOC. A

Après la Deuxième Guerre mondiale, la paix semblait fragile en Europe. Les principaux vainqueurs, les États-Unis et l'URSS, s'opposaient. L'Europe s'était divisée en deux camps : l'Europe de l'Ouest, partisane des États-Unis, et l'Europe de l'Est, dominée par l'URSS. La France et l'Allemagne ont alors décidé de se réconcilier, d'empêcher de nouveaux conflits et d'installer une paix durable en Europe.

Une grande Europe DOC. B

En 1957, par le traité de Rome, l'Allemagne, la France et quatre autres pays ont fondé la CEE : la Communauté économique européenne. Depuis, d'autres pays d'Europe se sont joints à ce projet de s'unir pour construire une paix durable sur le continent. Désormais, ces 27 pays (500 millions d'habitants) représentent presque tout le continent européen.

B Une grande Europe

Carte de l'Union européenne

5. Nomme les pays qui ont fondé la CEE puis l'Union européenne.
6. Nomme quelques pays qui l'ont rejointe depuis.
7. Où se trouvent les pays européens qui ne sont pas membres de l'Union européenne ? Sont-ils nombreux ?

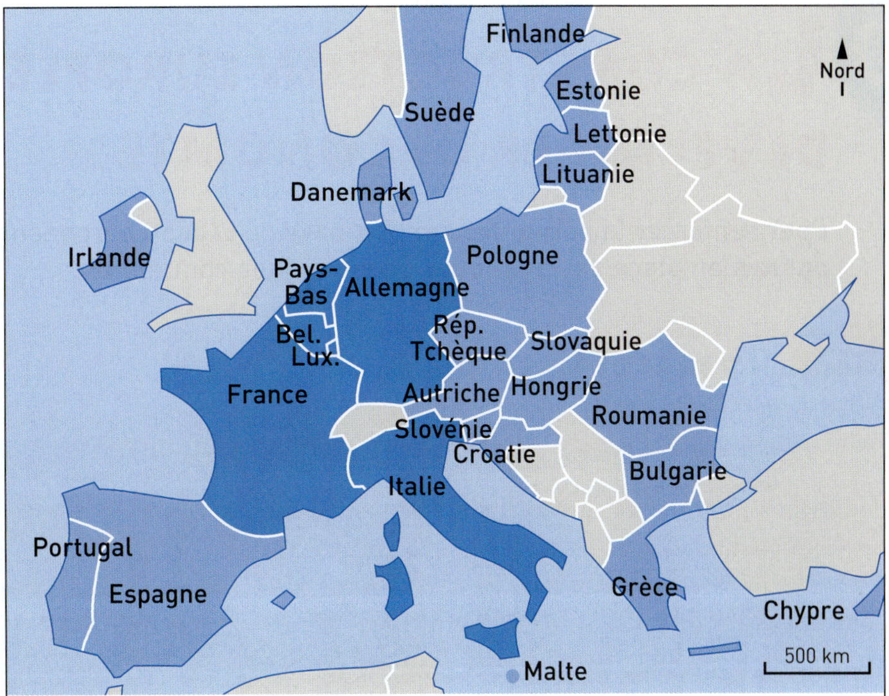

Pays fondateurs de la CEE en 1957 puis de l'Union européenne

Pays membre de l'Union européenne, entré après 1957

C L'Union européenne

Passeport européen

8. À quoi un passeport sert-il ?
9. EMC De quelle ==nationalité== est le propriétaire de ce passeport ?
10. EMC En quoi la ==citoyenneté== européenne contribue-t-elle à la paix en Europe ?
11. Ce passeport est-il nécessaire pour entrer dans les autres pays de l'Union européenne ?
12. Décris le drapeau européen (au besoin, aide-toi de la photographie page 39).

L'Union européenne DOC. C

En 1992, le traité de Maastricht a transformé la CEE en Union européenne. Celle-ci protège la paix, la démocratie et les droits de l'homme en Europe. Elle met en place une politique commune dans de nombreux domaines. Les Européens ont la citoyenneté européenne en plus de leur citoyenneté nationale. Ils peuvent s'installer où ils veulent dans l'Union européenne et participer aux élections municipales du pays dans lequel ils habitent.

VOCABULAIRE

la citoyenneté : le fait d'être citoyen, d'avoir des droits et des devoirs envers son pays ou envers l'Union européenne.

les élections municipales : l'élection des conseillers municipaux, à la mairie.

la nationalité : le lien entre un individu et sa patrie, son pays.

partisan·e : favorable à.

se réconcilier : s'entendre à nouveau après une dispute, un conflit.

1100 1200 1300 1400 1500 1600 1700 1800 1900 2000

30 La construction européenne : développer l'économie

Pour renforcer la paix entre eux, les pays de l'Union européenne ont mis en place des politiques économiques communes.

A Un marché unique

Allégorie de W. P. Roberts, 1963

1. Décris cette scène.
2. Ce tableau est une allégorie (la représentation d'une idée par une image) : que dit-il des relations commerciales entre les pays de l'Union européenne ?

Un marché unique DOC. A

Pour travailler ou vendre dans un pays étranger, une personne ou une entreprise doit demander une autorisation. L'Union européenne est un « marché unique » : chaque habitant, chaque entreprise d'un des pays membres peut s'installer, travailler et vendre ses marchandises ou ses services où il le veut dans l'Union. Depuis 2002, ces échanges sont facilités par l'utilisation d'une monnaie unique : l'euro, utilisé dans la majorité des pays membres.

Une politique commune DOC. B

Les pays membres de l'Union européenne travaillent ensemble pour réaliser de grands projets comme la construction d'avions (Airbus) et de fusées (Ariane). Ils s'organisent pour aider des activités en difficulté, comme celles des agriculteurs et agricultrices. Les pays d'Europe sont petits à l'échelle de la planète mais, ensemble, ils constituent une grande puissance économique. Cela leur permet d'avoir une forte influence sur le reste du monde.

1 100 200 300 400 500 600 700 800 900

B Une politique commune

Usine d'assemblage des avions Airbus à Toulouse

Le corps de cet Airbus est fabriqué en Allemagne, la cabine de pilotage en France, l'arrière en Espagne et les ailes au Royaume-Uni.

3 **Dans quelle ville cet atelier d'assemblage se trouve-t-il ? Dans quel pays ?**

4 **Pourquoi un seul pays européen aurait-il du mal à construire un tel avion ?**

C Une difficile solidarité

En 2014, la Bulgarie, l'un des pays les plus pauvres de l'UE, a subi de graves inondations. Des maisons, des routes, des écoles, des réseaux d'eau et d'énergie ont été détruits.

5 **Quelles difficultés une inondation provoque-t-elle ?**

6 **En quoi faire partie de l'UE peut-il être un atout ?**

7 **À ton avis, la solidarité entre les pays est-elle toujours facile ?**

Une difficile solidarité DOC. C

Les pays membres de l'Union européenne se sont engagés à être solidaires. Les pays riches aident les pauvres de façon à réduire les inégalités. Quand un pays se trouve en difficulté, les autres viennent à son secours. De nos jours, pourtant, tout le monde ne profite pas de la même manière de ce grand marché européen. Chacun a tendance à se replier sur ses problèmes et à contester ses devoirs envers les autres pays.

VOCABULAIRE

un pays membre : un pays qui fait partie.

une puissance économique : un pays qui a de l'influence sur l'économie mondiale.

solidaire : qui se sent lié à d'autres personnes.

la solidarité : la relation entre des personnes qui les pousse à s'aider mutuellement.

31 LA PLACE DES FEMMES DANS LA SOCIÉTÉ FRANÇAISE AU XXe SIÈCLE

Après le XIXe siècle, le XXe siècle aussi a été une époque de lutte pour les femmes, qui ont réclamé davantage d'égalité avec les hommes.

→ A Le travail des femmes

Usine d'empaquetage des cartouches vers 1916

Pendant les deux guerres mondiales, les hommes sont partis combattre. Les femmes ont alors pris leurs places dans les champs, les usines et les bureaux. Elles y sont ensuite restées. De nos jours, la plupart des femmes ont un emploi. Mais en majorité, elles ont moins de responsabilités et des salaires inférieurs à ceux des hommes.

1. **Décris cette usine.**
2. EMC **Que penses-tu de l'inégalité de salaire entre les femmes et les hommes ?**

↓ B Le vote des femmes

Bureau de vote en 2017

La France, « patrie des droits de l'homme », a été l'un des derniers États d'Europe à reconnaître le droit de vote pour les femmes : celles-ci ont voté pour la première fois en 1945. Le suffrage est alors devenu universel.

3. **Décris cette scène.**
4. **Calcule combien de temps s'est écoulé entre le vote masculin (1848) et le premier vote des femmes (1945).**
5. ? **Fais des recherches et trouve s'il y a déjà eu une femme comme présidente de la République en France ; comme Première ministre ; comme présidente de l'Assemblée nationale. Que penses-tu de cette situation ?**

C Des femmes libres

L'aviatrice Hélène Boucher, couverture de journal, 1934

Au cours du XXe siècle, les femmes ont commencé à se libérer de la domination masculine : à sortir seules dans la rue, à ne plus attacher leurs cheveux et à les couper, à porter des jupes plus courtes puis des pantalons, à pratiquer des activités jusque-là réservées aux hommes comme faire du sport ou conduire une voiture… Bravant les préjugés, certaines femmes, comme l'aviatrice Hélène Boucher, sont allées au bout de leurs rêves et ont ainsi encouragé les autres femmes à faire valoir leurs ambitions.

6 Pourquoi Hélène Boucher fait-elle la une de ce journal ?

7 De nos jours, les femmes peuvent-elles s'habiller comme elles le veulent ?

L'ILLUSTRÉ du Petit Journal

50c — DIMANCHE 19 AOUT 1934

GRAND HEBDOMADAIRE POUR TOUS

51, RUE LAFAYETTE — PARIS

Mlle HÉLÈNE BOUCHER

La célèbre aviatrice a battu le record féminin de vitesse et le record du monde des mille kilomètres.

D Une mobilisation toujours nécessaire

Manifestation pour la journée des femmes, 2017

Tout au long du XXe siècle, des personnes se sont mobilisées pour faire reconnaître l'égalité entre les femmes et les hommes. De nos jours, ils ont les mêmes droits et les mêmes devoirs. Mais des inégalités demeurent. Peu de femmes sont élues maires ou nommées ministres. Et dans leur vie personnelle, beaucoup sont encore victimes de l'autorité et de la violence de certains hommes.

8 Décris cette manifestation.

9 Explique le slogan.

EMC 10 Cherche ce que l'on peut faire dans la classe pour l'égalité entre les filles et les garçons.

32 À QUELLE OCCASION JE ME DÉPLACE ?

La géographie est la science qui étudie l'endroit où nous habitons mais aussi les autres endroits où nous allons parfois.

→ A Mes déplacements quotidiens

1. Combien de fois par semaine vas-tu à l'école ?
2. Où vas-tu le soir en sortant de l'école ?
3. Ressors-tu ensuite ? Pour aller où ?

partir aller revenir marcher **venir** **arriver** se déplacer circuler se rendre chez se promener

→ B Mes déplacements réguliers

4. Où vas-tu habituellement le mercredi ? le samedi ? le dimanche ?
5. T'arrive-t-il de faire du sport ? Où vas-tu pour en faire ?
6. As-tu d'autres activités dans la semaine ? Où les pratiques-tu ?

→ C Mes déplacements moins réguliers

7 Où vas-tu pour acheter du pain ? des vêtements ? un cartable ?

8 Vas-tu parfois chez le médecin ? le dentiste ? Où sont-ils ?

9 Vas-tu parfois au cinéma ? Où se trouve la salle ?

10 À qui rends-tu parfois visite dans ton village, ton quartier, ta ville ? Où habitent-ils ?

11 Où es-tu allé la dernière fois qu'il a fait beau ? la dernière fois qu'il a neigé ?

12 Y a-t-il des endroits où tu adores aller ? où tu détestes aller ?

→ D Partir plus loin...

13 À quelle occasion te déplaces-tu dans un autre village, une autre ville ? Où est-ce ?

14 Y vas-tu en été ? en hiver ?

15 Est-ce loin ? très loin ?

16 Y a-t-il des endroits loin de chez toi où tu aimerais aller ? Est-ce facile ou difficile d'y aller ? Pourquoi ?

33 Se déplacer en ville

Chaque jour, nous sortons de chez nous pour venir à l'école, aller chez le médecin, rendre visite à un camarade... Quels moyens de transport utilisons-nous ?

A À pied, à bicyclette

B Les transports en commun

C La voiture

Dans les rues du Mans

1. Sur la carte 4 de l'atlas, situe la ville photographiée ci-dessus : Le Mans.
2. Quels moyens de transport urbain vois-tu sur cette photographie ? En connais-tu d'autres ?
3. Quels sont les avantages de chacun ? les inconvénients ?
4. Quel moyen de transport pollue le plus ? Pourquoi ?
5. Quels aménagements sont faits dans la ville pour les piétons ? les cyclistes ? les transports en commun ? les voitures ?

À pied, à bicyclette DOC. A ET D

Pour les petites distances, nous nous déplaçons à pied, à bicyclette, en trottinette ou en rollers. Ces moyens de transport respectent l'environnement : ils ne consomment que notre énergie physique, ils ne polluent pas et ne font pas de bruit. Mais ils demandent que nous soyons prudents. Pour nous aider, les villes aménagent l'espace avec des trottoirs, des pistes cyclables, des feux tricolores. Elles mettent à disposition des vélos en libre-service.

Les transports en commun DOC. B

Pour les trajets plus longs, nous prenons les transports en commun : le bus, le car, le métro ou le tramway. Ces moyens de transport sont peu coûteux, mais il faut s'adapter à leurs horaires, faire des « changements » et il y a du monde aux heures de pointe. Ils consomment de l'énergie et créent de la pollution, mais ils le font pour un grand nombre de passagers à la fois. Dans le cadre du développement durable, on conseille donc de les privilégier.

D À pied, à bicyclette : et toi ?

Dépliant de l'ADEME Île-de-France et de l'ARENE

La plupart des enfants vont à l'école tout près de chez eux : à moins de 15 minutes à pied. Mais ils sont encore trop nombreux à y aller en voiture, ce qui consomme de l'énergie et pollue.

6 Regarde cette affiche et décris-la. Explique ce qu'elle propose.

7 Quels sont les avantages à aller à l'école à pied ?

8 Quels autres moyens de transport sont bons pour l'environnement ? Pourquoi ?

9 Quelles précautions faut-il prendre si l'on va à l'école à pied ? à vélo ?

EMC 10 Et toi, dans tes déplacements, que peux-tu faire pour l'environnement ?

La voiture DOC. C

Certaines familles possèdent une voiture. Elles peuvent se déplacer facilement, circuler à l'heure qu'elles veulent, de jour comme de nuit, et se rendre directement là où elles le souhaitent. Mais il faut supporter les embouteillages aux heures de pointe, trouver une place de stationnement. En outre, la voiture coûte cher, elle consomme de l'énergie et pollue. Dans le cadre du développement durable, on nous demande de limiter nos trajets en voiture.

VOCABULAIRE

le développement durable : le développement qui permet de créer de la richesse et de la partager, tout en préservant l'environnement et les ressources de la planète pour les générations futures.

les heures de pointe : les moments de la journée (le matin et le soir), en semaine, où de nombreuses personnes se déplacent pour se rendre à leur travail ou à leur domicile.

en libre-service : qui est à disposition, dont on peut se servir par soi-même, sans passer par un vendeur.

34 Se déplacer avec un plan des transports en commun

Dans ta ville, il y a sûrement un plan des transports en commun.
Sais-tu comment l'utiliser pour choisir ton itinéraire ?

A Identifier le plan

1. Que représente le plan de la page de droite ?
2. Quels moyens de transport sont représentés ?
3. Sur la carte 4, situe Lyon en France. Quel fleuve la traverse ?

B Se repérer

4. Regarde la ligne de métro rose : d'un côté, elle va à la station Vaulx-en-Velin La Soie. Et de l'autre ?
5. Nomme une station qui se trouve sur cette ligne ; une station qui ne se trouve pas sur cette ligne.

C Suivre un itinéraire simple

6. Sur la ligne rose, situe la station Cordeliers et la station Gratte-Ciel.
7. Si tu es à Cordeliers et que tu veux aller à Gratte-Ciel, quelle direction dois-tu prendre : Vaulx-en-Velin La Soie ou Perrache ?
8. Quand tu viens de Cordeliers, quelle est la station avant Gratte-Ciel ? Vas-tu y passer ?
9. Quelle est la station après Gratte-Ciel ? Vas-tu y passer ?
10. Combien de stations vas-tu traverser pour aller de Cordeliers à Gratte-Ciel ?

D Faire un changement

11. Observe la ligne de métro en orange : quelles stations relie-t-elle ?
12. Combien comporte-t-elle de stations ?
13. Situe la station Croix-Rousse.
14. Imagine que tu es à Croix-Rousse et que tu veux aller à Gratte-Ciel : à quelle station les deux lignes, orange et rose, se rencontrent-elles ?
15. Depuis Croix-Rousse, quelle direction dois-tu prendre en premier ? Où dois-tu changer de métro ? Quelle nouvelle direction dois-tu prendre ?
16. Passeras-tu par la station Cordeliers ? par la station Masséna ?
17. Repère les stations Garibaldi, sur la ligne verte, et Stade de Gerland, sur la ligne bleue.
18. Trouve le trajet à faire pour aller de Garibaldi à Stade de Gerland.

Plan des transports en commun de la ville de Lyon

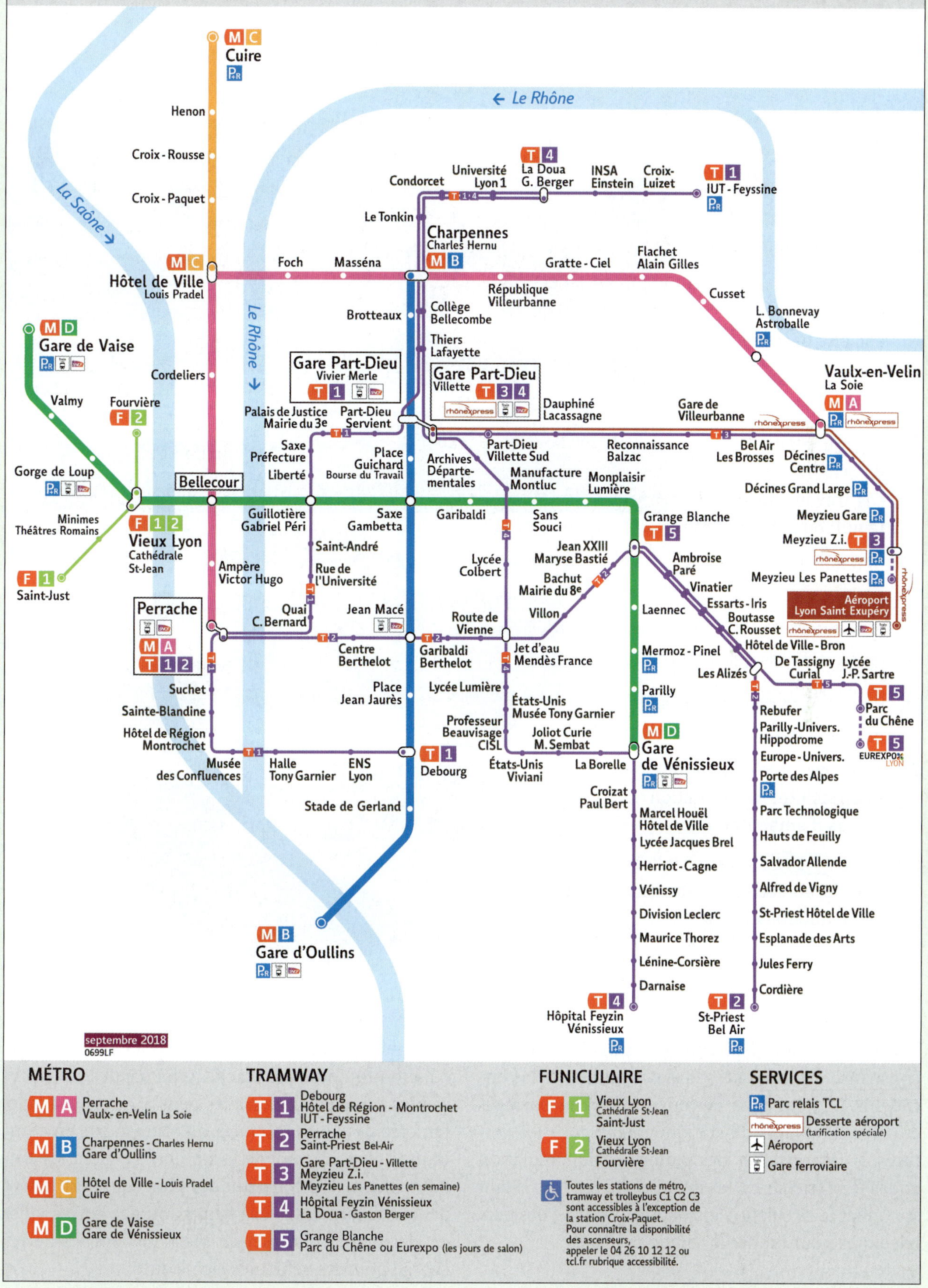

35 Une ville aménagée pour les transports

Pourquoi y a-t-il souvent des travaux dans les rues ?

→ A

Permettre les déplacements

Travaux dans le centre de Lyon (Auvergne-Rhône-Alpes)

1. Pourquoi la route est-elle barrée ?
2. Que font ces ouvriers ? Pourquoi le font-ils ?
3. Pourquoi fait-on de préférence ces travaux durant la nuit ou pendant l'été ?
4. Que faut-il faire d'autre pour aménager les rues ?

Centre de contrôle de la circulation à Lyon

5. Pourquoi ce policier surveille-t-il la circulation aux heures de pointe ?
6. À ton avis, que peut-il faire pour faciliter la circulation en cas d'embouteillages ?
7. Sur la carte 4, situe les villes photographiées sur cette double page : Lyon, Rouen et Paris.

Permettre les déplacements DOC. A

Pour rendre les déplacements possibles, il faut construire des chaussées et des trottoirs, et les entretenir. Il faut prévoir des bornes de vélos partagés et créer des places de stationnement pour les voitures. Il faut installer des panneaux de circulation et des feux tricolores, les régler et les réparer. Il faut surveiller la circulation et adapter la vitesse des feux tricolores pour limiter les embouteillages.

Aménager la ville DOC. B

On aménage sans cesse les villes pour rendre la circulation toujours plus facile. On crée des pistes cyclables pour encourager les gens à circuler à vélo. On crée des voies réservées aux transports en commun (bus, tramway) de façon qu'ils évitent les embouteillages. On construit des ponts qui permettent de passer au-dessus des fleuves ou des autres voies de circulation. On met en place des bornes de recharge pour les véhicules électriques.

→ B Aménager la ville

Voie de bus à Rouen (Normandie)

8 Comment le bus s'appelle-t-il à Rouen ? Regarde bien : tu as la réponse sur la photographie.

9 À quoi vois-tu que cette voie lui est réservée ?

10 Pourquoi crée-t-on des voies spéciales pour les transports en commun ?

→ C Creuser sous la ville

Travaux de prolongement d'une ligne du métro à Paris

11 Dis ce que tu vois sur cette photographie.

12 Quels sont les avantages du métro par rapport au tramway ?

13 Pour quelles autres raisons peut-on construire un tunnel ?

14 Pourquoi construit-on des parkings souterrains ?

Creuser sous la ville DOC. C

En ville, l'espace manque : il y a partout des rues, des avenues, des bâtiments. Impossible de créer de nouvelles voies de circulation ou des places de parking supplémentaires. Alors on le fait dans le sous-sol : on creuse des tunnels pour les voitures ou pour de nouvelles lignes de métro, on crée des parkings souterrains. Ces travaux sont complexes, car il faut éviter que le sol ne s'effondre. Parfois, on découvre des vestiges historiques qu'il faut préserver.

VOCABULAIRE

aménager : organiser pour qu'on puisse facilement utiliser.

la chaussée : la partie de la route ou de la rue sur laquelle les véhicules roulent.

37 Se déplacer de ville en ville par la route

Pour circuler en France, nous utilisons souvent la voiture. Pourquoi choisit-on ce moyen de transport ?

A Les raisons de se déplacer

1. Que fait cette famille ?
2. Et toi, t'arrive-t-il de te déplacer en voiture pour aller loin de chez toi ? Pour quelles raisons ?
3. À ton avis, pourquoi les Français aiment-ils prendre la voiture ?

B Prendre la route

www.mobicoop.fr

4. Quels sont les inconvénients de la voiture ?
5. Quels sont les avantages du covoiturage ?
6. À quoi sert un site de covoiturage ?
7. Quelles informations faut-il donner ? Pourquoi ?

Les raisons de se déplacer DOC. A

Que nous habitions dans un espace urbain ou dans un espace rural, nous avons parfois besoin de nous déplacer au loin : au-delà de notre « lieu de vie » habituel. C'est le cas, par exemple, quand on a besoin de consulter un médecin spécialiste ou quand on voyage pour le travail. C'est également le cas quand on rend visite à sa famille ou encore quand on part en vacances.

Prendre la route DOC. B

La voiture est le mode de transport préféré des Français, car elle permet de partir quand on veut et d'aller directement d'un endroit à un autre. Mais elle coûte cher, elle est dangereuse (il y a des accidents), il faut supporter les embouteillages (heures de pointe, départs en vacances). En outre, elle consomme de l'énergie et pollue. Le covoiturage permet de limiter le nombre de voitures qui circulent, donc de réduire la consommation d'énergie et la pollution.

C Le réseau routier français

L'autoroute A7
ou « autoroute du Soleil »

8 Décris cette scène : l'autoroute, les véhicules, la circulation, les panneaux, l'environnement…

9 À quoi reconnais-tu qu'il s'agit d'une autoroute ?

10 Sur la carte 5, repère cette autoroute, qui va de Lyon à Marseille.

11 Regarde la carte 5 : comment les autoroutes sont-elles disposées par rapport à Paris ?

12 Y a-t-il une autoroute près de chez toi ?

Échangeur sur l'A1

Pour entrer ou sortir de l'autoroute, on passe par un échangeur : cela évite les croisements, qui seraient dangereux vu la vitesse des véhicules, et cela laisse le temps d'accélérer pour entrer et de ralentir pour sortir.

13 Sur la carte 5, repère cette autoroute, qui va de Paris à Lille.

14 Décris cet échangeur.

15 Avec ton doigt, suis le trajet pour entrer sur cette autoroute ; pour en sortir.

Le réseau routier français DOC. C ET CARTE 5

La France possède plus d'un million de kilomètres de routes et d'autoroutes. Le réseau routier est disposé en étoile autour de Paris : il relie la capitale à toutes les grandes villes. En revanche, les liaisons directes entre régions sont moins développées : il faut souvent passer par Paris. Des travaux permettent d'entretenir le réseau, d'améliorer le trafic, de toujours mieux franchir les obstacles (construction de viaducs, de tunnels…), de limiter les nuisances…

VOCABULAIRE

une autoroute : une route rapide et payante comportant 2 à 4 voies de circulation dans chaque sens.
le covoiturage : le partage d'une voiture pour des trajets, de façon à partager le coût des transports et à diminuer le nombre de véhicules en circulation, donc les embouteillages et la pollution.
les nuisances : ce qui nuit à la qualité de vie (par exemple, le bruit, la pollution…).
le réseau routier : l'ensemble des routes d'un pays.
un viaduc : un pont très élevé au-dessus d'un cours d'eau ou d'une vallée.

Géographie

38 Trouver son itinéraire avec un GPS, un site Internet ou une carte routière

Imagine que ta classe aille en classe transplantée à Brantôme. Comment le conducteur du car peut-il trouver son chemin ?

A Utiliser un GPS

Le chauffeur du car peut utiliser un GPS (guidage par satellite). Avant de partir, il indique à l'appareil où il veut aller et celui-ci le guide à chaque étape.

1 **Comment le conducteur connaît-il le chemin proposé par le GPS ?**

B Utiliser un site Internet

Le chauffeur peut aussi prévoir son itinéraire sur un site en ligne.

2 **Regarde ce site : où faut-il indiquer son lieu de départ ?**

3 **Où faut-il indiquer son lieu d'arrivée ?**

4 **Quelles options sont proposées ?**

5 **À ton avis, que va choisir le chauffeur ? Pourquoi ?**

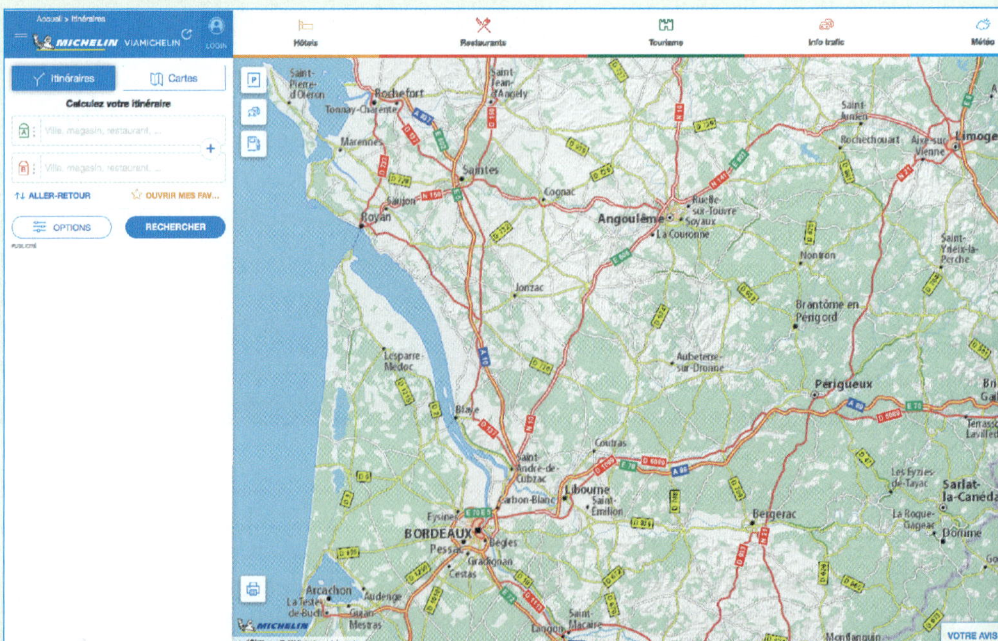

Essaye à ton tour.

6 **Ouvre un navigateur Internet.
Dans la barre d'adresse, écris viamichelin ou tape l'adresse www.viamichelin.fr
Écris le nom de ta ville pour le départ et celle de Brantôme comme ville d'arrivée.
Choisis l'option « Favoriser les autoroutes ».
Clique sur « Rechercher » et regarde les informations obtenues.**

↓ C Utiliser une carte routière

©BlayFoldex-2018

Le chauffeur peut aussi utiliser une carte routière.

7 **Sur la carte ci-dessus, situe Brantôme, en haut à gauche de la carte.**

8 **Sur cette carte comment les autoroutes sont-elles représentées ?**

Les autoroutes possèdent deux noms : un nom français qui commence par A (comme autoroute), et un nom européen qui commence par E comme Europe.

9 **Quelle autoroute passe près de Périgueux ? Comment s'appelle-t-elle ?**

Les routes nationales, plus petites, ont un nom qui commence par N (nationale).
Les départementales, plus petites encore, ont un nom qui commence par D (départementale).

10 **Quelle route nationale va de Périgueux à Négrondes ?**

11 **Quelle route départementale va de Périgueux à Brantôme ?**

Une carte routière permet aussi de calculer les distances. Les nombres en rouge (parfois en bleu) le long des routes indiquent les distances en kilomètres entre deux villes.

12 **Avec les distances en rouge le long des routes, trouve la distance à parcourir pour aller de Périgueux à Brantôme.**

39 Se déplacer de ville en ville par le train

Est-ce que tu prends parfois le train ? Pour aller où ?

→ A Un réseau ferré inégal

1. Où ces enfants se trouvent-ils ?
2. Quels sont les avantages du train par rapport à la voiture ?

Gare abandonnée d'Orgères-en-Beauce (Centre-Val de Loire)

3. À quoi vois-tu que cette gare est abandonnée ?
4. À quoi vois-tu que la voie n'est plus utilisée ?
5. Que doivent faire les habitants d'Orgères s'ils veulent prendre le train ?
6. Et toi, à quelle gare vas-tu quand tu prends le train ? Est-elle proche de chez toi ?

Un réseau ferré inégal DOC. A ET CARTE 6

Pour certains déplacements, les voyageurs préfèrent le train. Il est rapide et moins fatigant que la voiture (on peut lire, jouer, se reposer…). Mais il faut se rendre jusqu'à la gare. Or les régions françaises sont inégalement équipées. On trouve des gares dans toutes les grandes villes. En revanche, de nombreuses gares en zone rurale sont fermées. À certains endroits, il n'y a pas de voie ferrée. À d'autres, aucun train ne passe plus sur les voies existantes.

Les réseaux régionaux DOC. B

Chaque région possède son propre réseau ferré : ce sont les TER (trains express régionaux) dans les régions, le RER (réseau express régional) en Île-de-France. Certains trains s'arrêtent à chaque gare. D'autres relient directement les grandes villes. Des cars complètent le réseau pour atteindre les zones éloignées des gares. Les réseaux régionaux sont connectés entre eux et permettent de se rendre dans les régions voisines.

→ B Les réseaux régionaux

7 Que signifie le sigle TER ?

8 Quelle région est représentée sur cette carte ?

9 Avec le TER, peut-on aller partout en Bretagne ?

10 D'après la carte, les voyageurs du TER peuvent-ils continuer vers d'autres régions ?

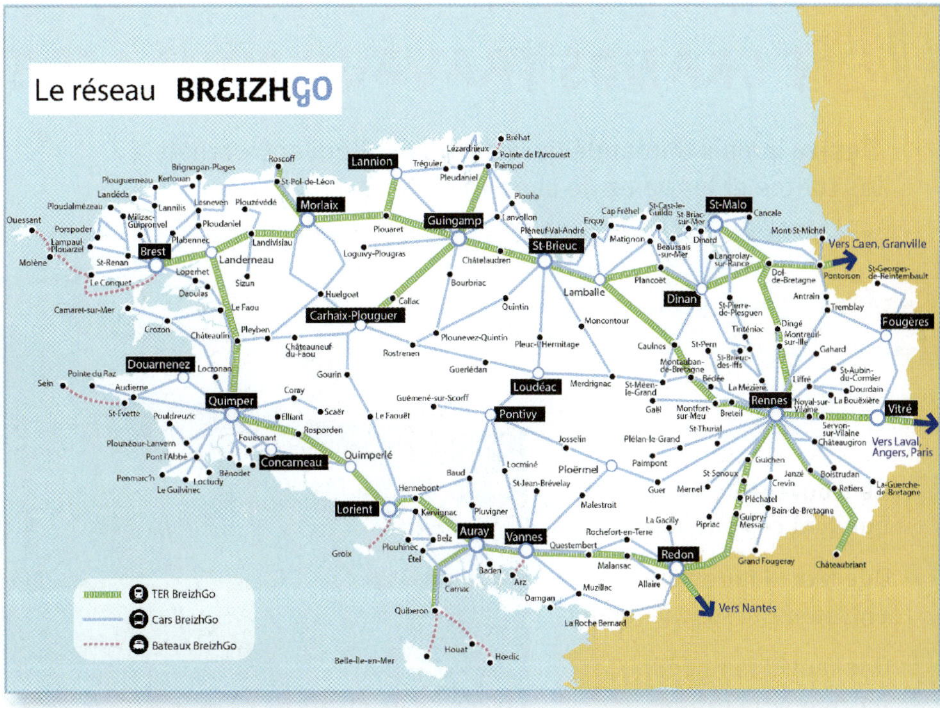

→ C Le TGV

TGV dans la gare de Lyon à Paris

11 Que signifie le sigle TGV ?

12 Sais-tu reconnaître un TGV ?

13 D'après la carte 6, quelles villes de France sont reliées au TGV ?

14 Dans quels pays européens le TGV permet-il d'aller ?

Le TGV DOC. C ET CARTE 6

Le TGV, train à grande vitesse, peut rouler à 320 km/heure. Il relie les grandes villes françaises. Le réseau, longtemps organisé en étoile autour de Paris, permet désormais de traverser la France sans passer par Paris. Il permet également d'aller dans les pays voisins : en Belgique, en Allemagne, aux Pays-Bas, en Suisse, en Italie, en Espagne et même au Royaume-Uni grâce au tunnel sous la Manche.

VOCABULAIRE

le RER : le Réseau express régional, c'est-à-dire le réseau des trains régionaux d'Île-de-France.

le réseau ferré : l'ensemble des voies de chemin de fer d'un lieu.

le TER : le train express régional, c'est-à-dire le réseau de trains d'une région de France.

le TGV : le train à grande vitesse, qui roule sur des voies spéciales à 320 km/h.

une voie ferrée : une voie de chemin de fer, une voie pour le train.

40 De grands travaux pour les transports

T'es-tu jamais demandé qui fabriquait et qui entretenait les routes et les voies de chemin de fer ?

A L'entretien des réseaux

Travaux sur une ligne de chemin de fer

1. Observe la photographie : que font ces ouvriers ?
2. Que faut-il faire pour entretenir le réseau ferré ?
3. Que faut-il faire pour entretenir le réseau routier ?
4. À ton avis, pourquoi ces travaux sont-ils souvent faits la nuit ?
5. Pourquoi, sur les autoroutes, demande-t-on aux automobilistes de ralentir quand il y a des travaux ?

Travaux sur une autoroute après l'effondrement d'un pont

6. Observe la photographie : que s'est-il passé ?
7. Pourquoi le panneau lumineux demande-t-il aux automobilistes de sortir de l'autoroute ?

L'entretien des réseaux DOC. A

Chaque jour, des ouvriers contrôlent et entretiennent les différents réseaux de transport. Ils réparent les voies de chemin de fer. Ils changent les rails qui en ont besoin. Ils vérifient l'état des routes et des autoroutes. Ils remettent du goudron sur les routes. Ils désherbent le bas-côté des routes. Ils déneigent et sablent les voies en hiver, pour éviter le verglas… Ils interviennent après les accidents pour remettre les voies en état.

Repenser le réseau DOC. B

Les Français se déplacent de plus en plus. Il faut sans cesse créer de nouvelles routes et de nouvelles lignes TGV. Il faut aussi réduire les problèmes de circulation : élargir les routes existantes, en créer de nouvelles pour contourner les villes, relier directement des villes entre elles… Enfin, il faut relier les différents moyens de transport : par exemple, installer des gares TGV près des aéroports pour faciliter l'accès des voyageurs.

→ B Repenser le réseau

Nouvelle route littorale à La Réunion

Afin de réduire les embouteillages sur l'île de La Réunion, on construit une nouvelle route. Pour éviter les éboulis des falaises, on l'installe directement sur la mer.

8. Sur la carte 2, situe La Réunion.
9. Et près de chez toi, a-t-on récemment construit une route ? une voie de chemin de fer ?

→ C Créer des équipements

Le pont de Normandie

Le pont de Normandie relie les deux rives de la Seine. Il est assez haut pour laisser passer les grands bateaux.

10. Décris ce pont.
11. Situe-le sur la carte 7.
12. Lis le texte et explique les avantages du tunnel sous la Manche.
13. Situe-le sur la carte 7.
14. Nomme et situe d'autres équipements.

Le tunnel sous la Manche. Autrefois, pour se rendre en Angleterre, il fallait prendre le train ou la voiture, s'arrêter sur la côte, faire monter la voiture sur un ferry, traverser la Manche, descendre avec sa voiture ou prendre un train. Le voyage pouvait durer 12 heures. On pouvait prendre l'avion, mais cela coûte très cher. De nos jours, il suffit de prendre l'Eurostar, le TGV qui relie Paris à Londres. Il passe par le tunnel sous la Manche : il roule donc sous la mer. Le tunnel mesure 50 km de long. Il a fallu 6 ans de travaux pour le creuser. Le train roule à 300 km/h et le trajet de Paris à Londres dure environ 2 h 20.

Géographie

Créer des équipements DOC. C ET CARTE 7

Pour construire de nouvelles voies ferrées et de nouvelles routes, et pour améliorer la circulation sur celles qui existent, on entreprend parfois de grands travaux. On creuse des tunnels dans la montagne (tunnel sous le mont Blanc) ou sous la mer (tunnel sous la Manche). On construit de gigantesques ponts de plusieurs kilomètres de long (pont de Normandie, viaduc de Millau).

VOCABULAIRE

le bas-côté de la route : les bords d'une route, sur lesquels les piétons peuvent marcher et les voitures s'arrêter.

déneiger : retirer la neige pour éviter que l'on glisse dessus.

sabler : répandre du sable (parfois du sel) par grand froid pour empêcher la formation de gel glissant sur les routes, les trottoirs, les escaliers…

le verglas : une plaque de glace glissante et dangereuse.

41 Le boulevard périphérique à Paris

Autour de Paris comme autour de nombreuses grandes villes, on a construit une voie rapide : c'est le boulevard périphérique.

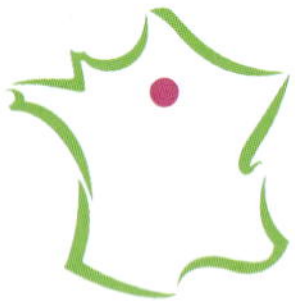

A Contourner Paris

1. Nomme les différentes autoroutes qui sont reliées à Paris.
2. Sur la carte, suis du doigt le tracé du boulevard périphérique.
3. Autrefois, quand il n'existait pas, quel trajet un camion qui arrivait de l'A1 devait-il faire pour continuer sur l'A6 ?
4. Quels problèmes cela posait-il ?
5. Quel trajet un camion peut-il faire aujourd'hui ?
6. En quoi est-ce mieux : pour le chauffeur ? pour les Parisiens ?

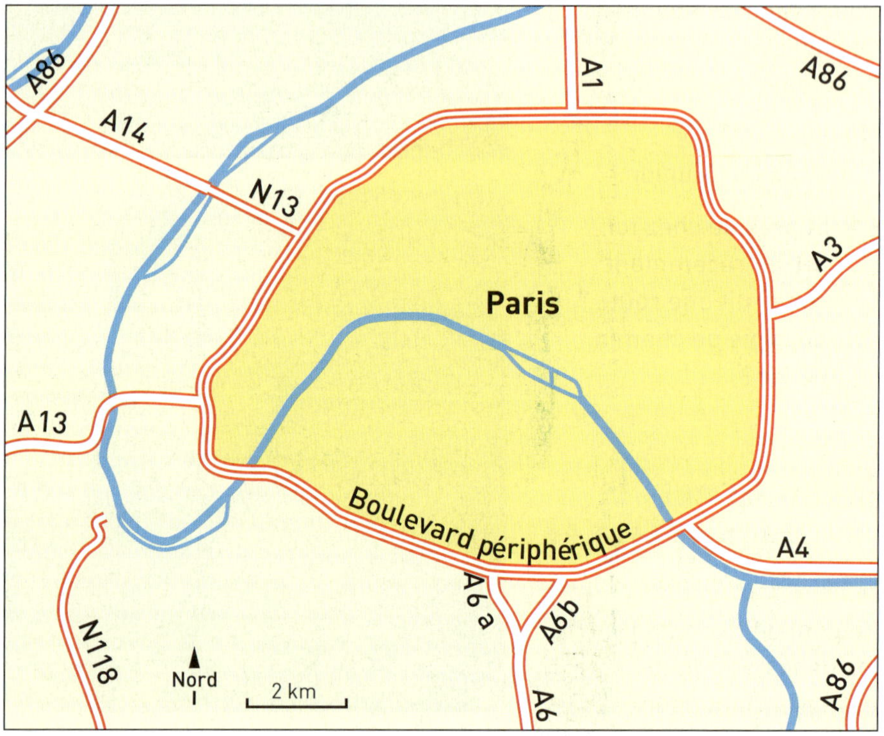

B Trouver de la place

Les anciennes fortifications de Paris vers 1925

Pour construire ce boulevard, il fallait de la place : beaucoup de place ! Le boulevard compte huit voies de large. On a donc imaginé de l'installer sur le site des anciennes fortifications qui, autrefois, protégeaient Paris. Détruites en 1919, elles avaient laissé la place à un boulevard mal aménagé, à des jardins et à des campements de fortune.

→ C Des travaux gigantesques

35 km de voie ont ainsi été construits. Il a également fallu creuser des tunnels, mettre en place des ponts et des échangeurs pour raccorder chaque autoroute. Les travaux ont duré 17 ans.

7 Décris ces travaux.

8 Et dans la ville près de chez toi, y a-t-il un périphérique ou un boulevard circulaire ?

→ D Un pari réussi ?

9 Comment est la circulation sur le périphérique ?

10 Penses-tu que la circulation est la même aux heures de pointe ?

→ E De nouveaux problèmes

11 Quels problèmes sont évoqués dans ce blog ?

12 Quelles solutions sont proposées ?

100 000 personnes habitent et vivent à proximité du périphérique parisien. Les personnes qui vivent, travaillent ou font du sport à moins de 150 m de part et d'autre du périphérique sont exposées à un niveau de pollution trois fois supérieur au reste de la population. De nombreuses études mettent en évidence les liens entre la pollution de l'air et les effets qui se manifestent quelques jours ou quelques heures après : irritations, toux, bronchites, crises d'asthme, maladies du cœur… Les effets à long terme de la pollution de l'air sont moins connus mais les études mettent en évidence des augmentations du risque de développer un cancer du poumon. Des solutions existent pour diminuer la pollution : file réservée pour le covoiturage, interdiction d'accès aux véhicules les plus polluants, limitation de vitesse…

D'après Élodie Texier pour Respire le périph', le blog des Franciliens qui respirent le périph', http://respireleperiph.over-blog.com/page-2016652.html

42 SE DÉPLACER DE VILLE EN VILLE EN AVION

T'est-il déjà arrivé de prendre l'avion ? Où allais-tu ?

A Prendre l'avion

Une famille à l'aéroport

Le champion du monde de judo Teddy Riner rentre chez lui, en Guadeloupe

1. Décris ces deux scènes.
2. Pour quelles raisons ces personnes prennent-elles l'avion ?
3. Trouve d'autres raisons de prendre l'avion.
4. Sur la carte 9, situe la Guadeloupe : Teddy Rinner peut-il s'y rendre autrement qu'en avion ?
5. Quels sont les avantages du transport aérien ?
6. Quels en sont les inconvénients ?
7. Nomme quelques compagnies aériennes que tu connais.

Prendre l'avion DOC. A

En France, on peut se déplacer en avion pour aller dans certaines villes. L'avion est rapide et permet d'aller loin : c'est le seul moyen de franchir rapidement les océans, notamment de circuler entre la métropole et l'outre-mer. Mais c'est le moyen de transport le plus coûteux, même si les compagnies à bas coût proposent de meilleurs tarifs. C'est surtout le moyen de transport qui consomme le plus d'énergie et qui pollue le plus.

Des aéroports DOC. B, CARTE 8 ET CARTE 9

Pour prendre l'avion, il faut se rendre à l'aéroport. Les aéroports ont besoin de grands espaces pour leurs vastes aérogares, qui accueillent les passagers, et pour leurs longues pistes de décollage et d'atterrissage. C'est pourquoi ils sont installés là où il y a de la place : à la périphérie des villes. Pour se rendre dans les aéroports, il faut prendre la voiture, les transports en commun ou encore le TGV si l'on vient d'une autre région.

→ B Des aéroports

Aéroport Roissy-Charles-de-Gaulle près de Paris

8 Dis ce que tu vois sur cette photographie.

9 Où les aéroports sont-ils généralement installés ? Pourquoi ?

10 Pourquoi les pistes d'atterrissage et de décollage sont-elles longues ?

→ C Le réseau aérien

Avions au départ à Orly

11 Où vont les prochains vols ?

12 À quelle heure l'avion pour Nice part-il ? depuis quel hall ? Quelle compagnie assure le vol ? Le vol est-il à l'heure ?

13 À l'aide de la carte 8 et de la carte 9, nomme et situe quelques aéroports.

Le réseau aérien DOC. C, CARTE 8 ET CARTE 9

En France, les villes importantes disposent toutes d'un aéroport. Elles sont donc reliées entre elles, mais aussi aux grandes villes européennes. Seuls quelques aéroports, dont ceux situés outre-mer, peuvent accueillir de gros avions capables d'emmener des passagers à l'autre bout de la planète. Les autres permettent seulement de petits trajets et, pour voyager au loin, il faut alors passer par un plus gros aéroport et changer d'avion.

VOCABULAIRE

une aérogare : la partie d'un aéroport destinée à accueillir les voyageurs ou les marchandises.

un aéroport : un ensemble de pistes et d'aérogares pour le transport par avion.

une compagnie à bas coût : une entreprise de transport par avion qui propose des voyages à des prix très bas en faisant des économies sur les services (repas à bord, bagage…).

44 SE DÉPLACER DANS LE MONDE

Pour aller à l'autre bout du monde, on peut prendre l'avion.
Sur place, il faut alors s'adapter à des conditions de déplacement qui peuvent être très différentes de celles que nous connaissons en France.

A Dans les villes des pays riches

New York (Amérique)

1. Décris ce paysage.
2. À quoi vois-tu que cette ville est très peuplée ?
3. À quoi vois-tu qu'elle est moderne ? riche ?
4. À ton avis, quels sont les problèmes liés aux transports dans cette ville ?

Amsterdam (Europe)

5. Apparemment, quel est le principal moyen de transport dans cette ville ?
6. Quels en sont les avantages ?
7. Comment peut-on transporter ses courses à vélo ? emmener ses enfants à l'école à vélo ?

Dans les villes des pays riches DOC. A

Dans les villes des pays riches, les chaussées sont bien entretenues, les transports en commun développés, les taxis nombreux et, souvent, reconnaissables à leur couleur jaune. Certaines, comme New York, connaissent des embouteillages permanents et une importante pollution. D'autres, comme Amsterdam, privilégient le vélo. Suivant les pays, les véhicules circulent à droite, comme chez nous, ou à gauche, comme en Angleterre.

Dans les villes des pays pauvres DOC. B

Dans les pays pauvres, la situation est souvent différente. Les chaussées sont parfois défoncées ou les trottoirs inexistants. Les voitures qui circulent sont souvent en mauvais état. De nombreuses personnes roulent en deux roues, qui coûtent moins cher qu'une voiture, ou en mototaxi. Les moins riches se rabattent sur des pousse-pousse, des cyclo-pousse, des charrettes à bras ou à cheval… Les transports en commun sont souvent absents. La pollution est parfois importante.

→ B

Dans les villes des pays pauvres

Dhaka (Asie)

8 Quels sont les moyens de transport visibles dans cette ville ?

9 À ton avis, pourquoi y a-t-il peu de voitures ?

10 Observe bien : les piétons peuvent-ils facilement circuler ? Pourquoi ?

→ C

Dans les espaces ruraux

Taxi-brousse (Afrique)

11 Que transporte ce taxi-brousse ?

12 Comment les voyageurs sont-ils installés ?

13 En quoi est-ce dangereux ?

14 À ton avis, pourquoi ces personnes ne circulent-elles pas en voitures individuelles ?

Dans les espaces ruraux DOC. C

Dans les pays riches, on trouve des routes, des autoroutes, des gares, des aéroports. Dans les pays pauvres, les espaces ruraux sont mal équipés : lignes de chemin de fer rares et dangereuses, routes et pistes en mauvais état, voire inexistantes, absence de stations-service… Les ruraux circulent alors dans des taxis-brousse surchargés, ou encore sur des carrioles tirées par des animaux, sur des bacs et des pirogues, quand ce n'est pas à dos d'animaux (ânes, dromadaires, chameaux…).

VOCABULAIRE

un cyclo-pousse : une voiturette tirée ou poussée par un vélo ou un scooter.

un mototaxi : une moto ou un scooter qui fait le taxi.

une piste : une route de terre.

un pousse-pousse : une voiturette tirée ou poussée par une personne à pied.

un taxi-brousse : une voiture ou un camion qui transporte des clients dans des endroits peu accessibles.

45 FAIRE DE LA GÉOGRAPHIE AVEC INTERNET

Internet est comme une fenêtre ouverte sur le monde : on peut visiter des lieux, même très éloignés. As-tu déjà essayé ?

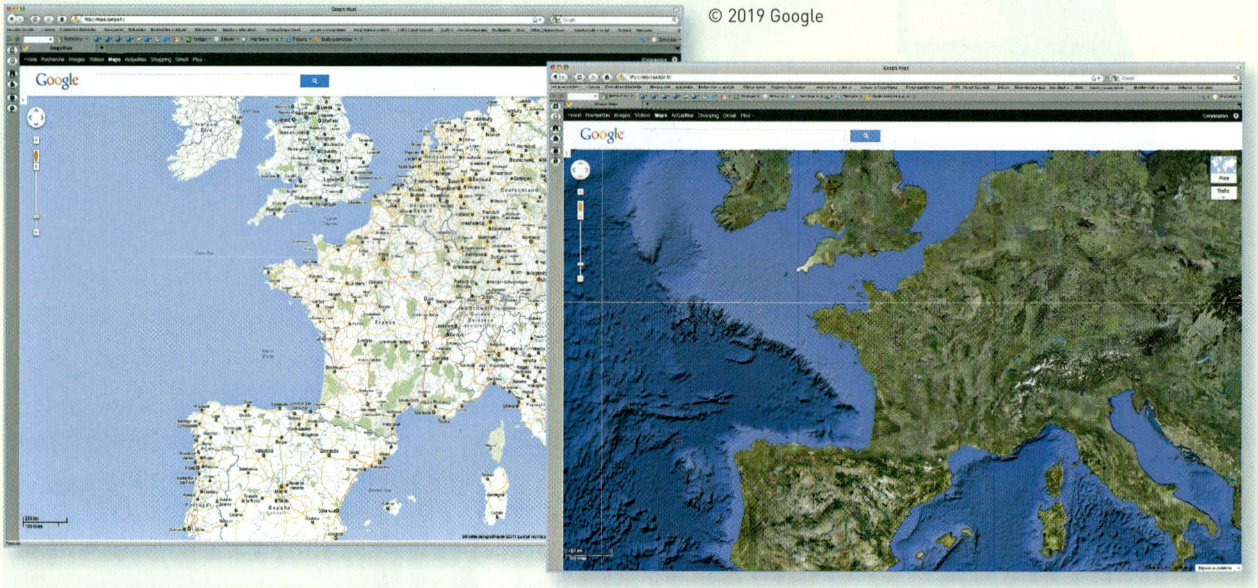

© 2019 Google

A Voyage sur la carte

Google Maps permet de situer un lieu sur la carte, en France ou n'importe où dans le monde, et d'en voir une image satellite. Nous allons travailler sur le jardin du Trocadéro à Paris.

1. Ouvre un navigateur Internet.
   Dans la barre d'adresse, tape l'adresse www.google.fr/maps et valide.
   Dans la barre de recherche du site (Rechercher dans Google Maps), écris Trocadéro.

2. Dans un coin de la fenêtre, trouve et clique sur Plan pour voir la carte, sur Satellite pour voir l'image satellite et observe :
   – clique sur – pour situer Paris en France ;
   – clique sur + pour zoomer et voir le Trocadéro.
   Repère les jardins du Trocadéro : près de la Seine, en face de la tour Eiffel.

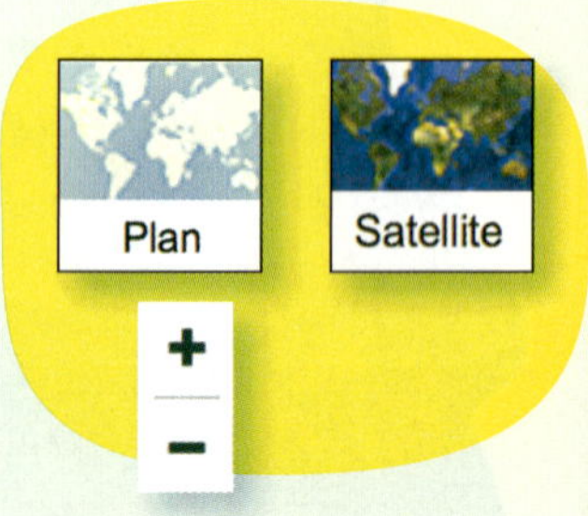

B Voyage dans la rue

Google Maps permet aussi de « voir » les lieux présentés sur la carte.

3. Dans un coin de la page, trouve le petit personnage orange .
   Attrape-le en cliquant sur la souris.
   Dépose-le dans les jardins du Trocadéro : tu te retrouves comme dans la ville.

4. Avec la souris, fais défiler l'image à gauche ou à droite pour regarder autour de toi : la tour Eiffel, les quais de la Seine, les jardins du Trocadéro.

5. Déplace-toi ou recommence pour traverser le pont d'Iéna et aller vers la tour Eiffel.
   Continue de te promener et de visiter le quartier.

C Découvrir sa commune

6 Ouvre un navigateur Internet. Dans la barre d'adresse, écris www.geoportail.gouv.fr.

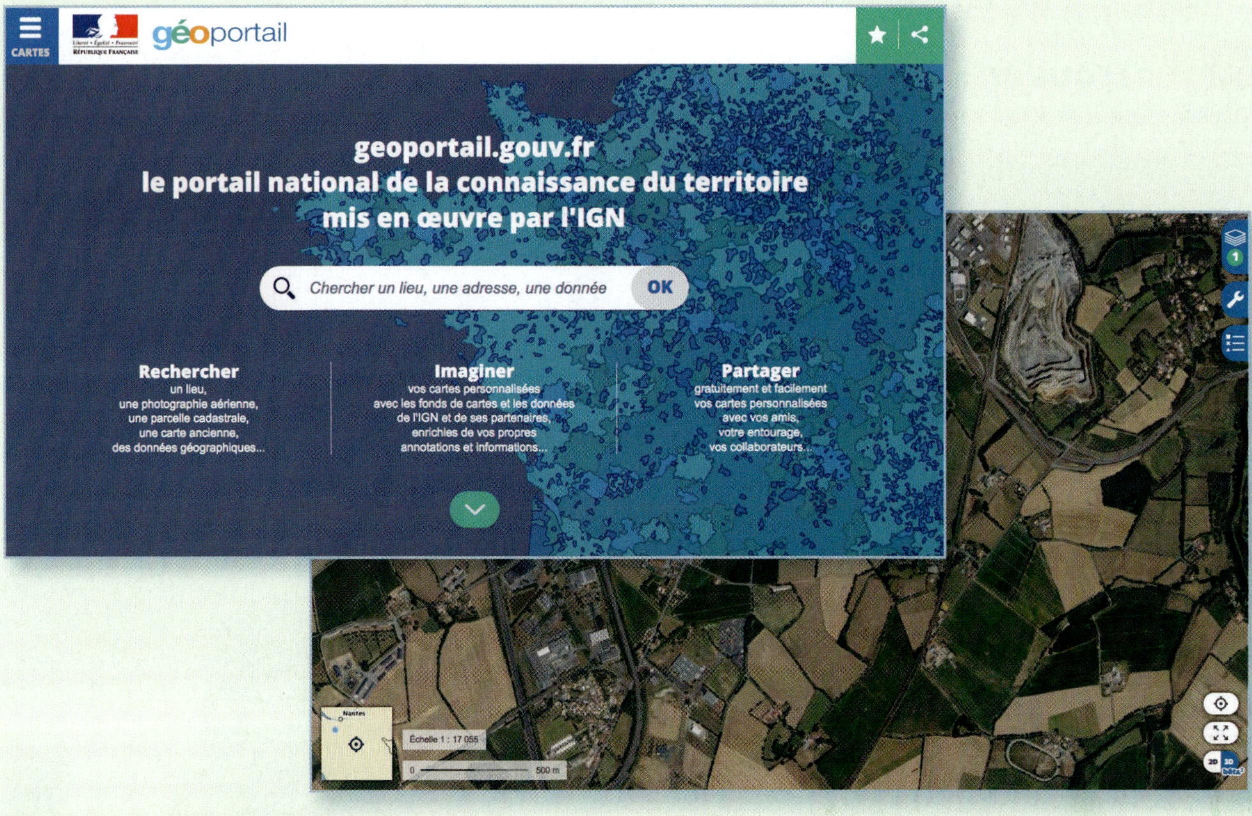

7 Dans Chercher un lieu, une adresse, une donnée, écris le nom ou le code postal de ta commune : que vois-tu apparaître ? Que reconnais-tu ?

8 À l'aide du + et du –, rapproche-toi au maximum de ton école pour voir la cour, puis regarde la commune dans son entier.

9 À gauche de l'écran, clique sur [CARTES]. Dans Données thématiques, clique sur Territoires et transports puis Description du territoire.

10 Clique sur Commune : quelle est la forme du territoire de ta commune ? Comment s'appellent les communes voisines ?

11 Clique sur Routes. Que vois-tu apparaître ?

12 Continue d'explorer et trouve d'autres informations sur ta commune.

46 À QUOI SERT INTERNET ?

Est-ce que tu te connectes parfois à Internet ? Dans quels buts ?

A Trouver des informations

Dans la cuisine, avec la recette de www.marmiton.org

1. Que font les personnes de cette famille ? Que cherchent-elles sur Internet ?
2. T'arrive-t-il de faire des recherches sur Internet ? Quels sites visites-tu ?

Trouver des informations DOC. A

Internet permet de chercher des informations : lire un article de journal ou un livre, trouver une adresse, une recette de cuisine, le titre d'un morceau de musique, le nom de ses ancêtres, l'histoire de sa ville… Ces textes, ces musiques, ces films ont été mis en ligne par d'autres pour être partagés. Le réseau Internet nous donne accès à tout moment à une quantité importante d'informations gratuites ou payantes partout dans le monde.

Accéder à des services DOC. B

Internet met également à disposition de nombreux services : on peut s'abonner en ligne à un journal, commander un livre, écouter de la musique, louer un film et le télécharger ou le regarder en streaming, réserver une chambre d'hôtel, s'inscrire dans une école, suivre des cours en ligne, consulter son compte en banque, payer sa facture d'électricité… Internet permet de chercher ce que l'on souhaite dans de multiples endroits à la fois, sans se déplacer.

B Accéder à des services

3. À l'aide de ces boutons, trouve différents services auxquels on peut accéder sur Internet.
4. Et toi, lesquels utilises-tu ou aimerais-tu utiliser ?

Géographie

C Communiquer

5. À ton avis, que fait cette enfant ?
EMC 6. Et toi, t'arrive-t-il de communiquer par Internet ?
7. Quel outil utilises-tu ?
8. Internet est-il le seul moyen de communiquer ?

Communiquer DOC. C

Grâce à Internet, les internautes peuvent communiquer entre eux : dialoguer en direct, par écrit ou en face-à-face sur écran, avec une personne ou un groupe (groupe de correspondants, forum de discussion…), envoyer des messages, partager des photos, des vidéos. Cela nous permet d'être en contact avec des personnes que l'on connaît ou avec des gens que l'on n'a jamais rencontrés mais avec lesquels on a des intérêts communs.

VOCABULAIRE

un forum de discussion : un site Internet de discussion par écrit entre des personnes ayant un même centre d'intérêt.

un internaute : un utilisateur d'Internet.

mettre en ligne : rendre disponible sur Internet.

en streaming : en lecture directe, sans avoir à télécharger le fichier.

47 Des outils pour utiliser Internet

Quels services d'information et de communication utilises-tu sur Internet ?

A Un navigateur, un moteur de recherche

Pour naviguer sur Internet, on utilise généralement un logiciel appelé « navigateur ».

1 **Quel navigateur utilises-tu : Firefox, Opera, Chrome, Safari, Internet Explorer ?**

Pour chercher une information sur Internet, tu utilises un « moteur de recherche ». Il cherche pour toi les sites où tu peux trouver l'information que tu veux.

2 **Quel moteur de recherche utilises-tu : Qwant, Yahoo, Bing, DuckDuckGo, Google ?**

3 **Comment pose-t-on une question sur un moteur de recherche ?**

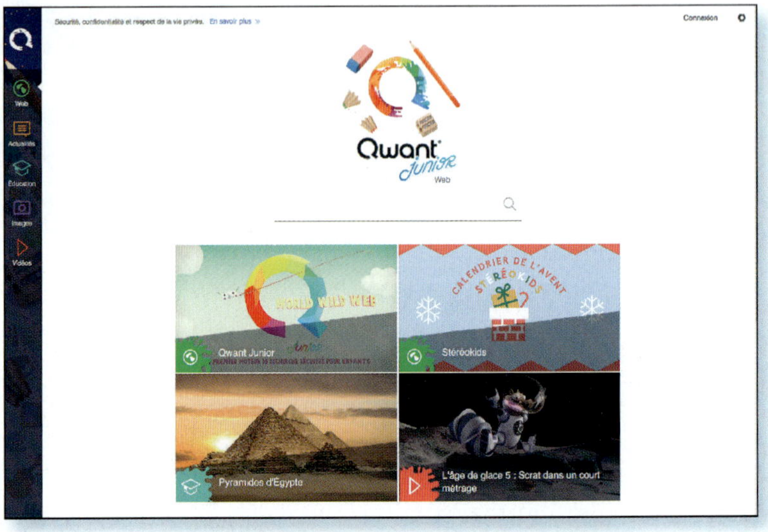

Attention, choisis bien ton moteur de recherche. Par exemple, Google enregistre tout ce que tu fais sur Internet, comme le ferait un espion, de façon à savoir quelles publicités te montrer. Ce n'est pas le cas de Qwant Junior, un moteur de recherche spécialement conçu pour les enfants. En plus, il fait attention à ce que tu ne vois pas d'images choquantes.

B Une boîte pour le courrier électronique

Sur Internet, on peut échanger des courriers électroniques : on dit aussi des mails, des e-mails ou des courriels.

4 **Ta famille a-t-elle une adresse mail ?**

5 **Quels éléments composent une adresse mail ?**

6 **Est-ce que tu sais envoyer un mail ?**

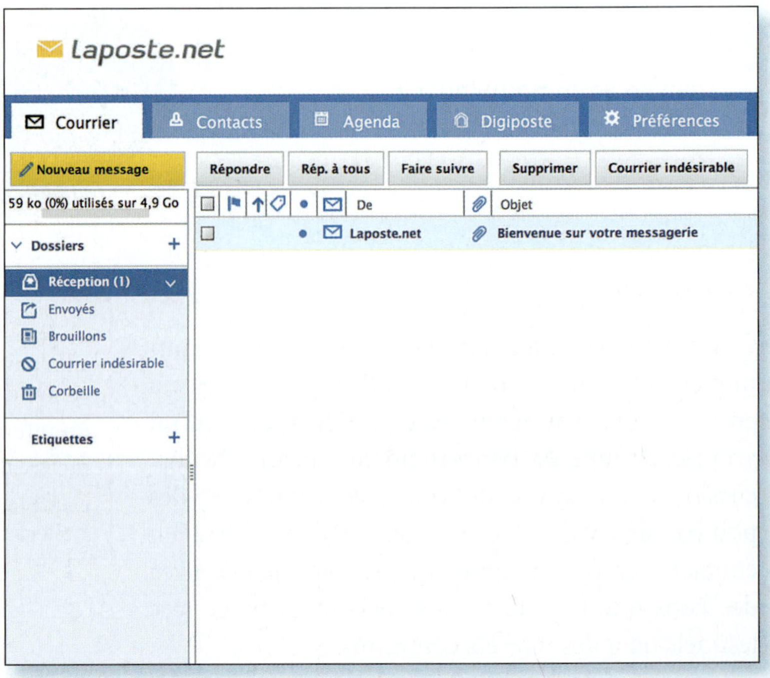

C Des applications

Sur un ordinateur ou un smartphone, on peut utiliser différentes applications qui fonctionnent avec Internet.

7 As-tu déjà utilisé Skype ? À quoi cette application sert-elle ?

8 T'arrive-t-il de jouer à des jeux « en ligne » ? Lesquels ? Quel est l'avantage d'un jeu en ligne par rapport aux autres jeux ?

9 Quels en sont les inconvénients ?

D Les réseaux sociaux

Un réseau social est un site ou une application Internet qui permet à des personnes inscrites de communiquer, de partager des informations.

10 Connais-tu Facebook ? Comment fonctionne-t-il ?

11 Connais-tu Instagram ? Comment fonctionne-t-il ?

12 Connais-tu d'autres réseaux sociaux ?

13 À ton avis, pourquoi l'utilisation de Facebook est-elle interdite avant l'âge de 13 ans ?

E Des sites utiles

14 Connais-tu Wikipedia ? YouTube ? Que proposent-ils ?

48 Comment fonctionne Internet ?

Comment les informations circulent-elles dans le réseau Internet ?
Pourquoi le surnomme-t-on parfois la « Toile » ?

→ A Se connecter

1. Quels appareils faut-il pour se connecter à Internet ?
2. Quelles sont les différentes manières de connecter ces appareils à Internet ?

↓ B Le réseau câblé

Travaux d'installation de la fibre

3. À quoi ces câbles servent-ils ?
4. Dans la maison, où se trouvent ces câbles ?
5. Et dans la rue : où se trouvent-il ?
6. Est-il plus facile de se connecter à Internet en zone urbaine ou en zone rurale ? Pourquoi ?

Se connecter DOC. A

Pour accéder à Internet, il faut :
- un appareil capable de se connecter : un ordinateur, une tablette ou un smartphone ;
- une connexion avec des câbles ou une connexion sans fil (réseau téléphonique mobile, wifi) ;
- un abonnement chez un fournisseur d'accès.

Suivant le matériel et l'abonnement, la connexion peut être lente ou rapide (réseau à très haut débit).

Le réseau DOC. B ET C

Internet est un immense réseau reliant les ordinateurs et les smartphones du monde entier, les écoles, les associations, les bibliothèques et les encyclopédies numériques, les musées, les entreprises qui vendent de la musique, des films, des marchandises à se faire livrer… Pour que ces millions d'informations circulent, on a installé d'énormes câbles qui traversent les continents et les océans et lancé des satellites dans l'espace.

C Le réseau sans fil

Une antenne-relais

7 À quoi cette antenne-relais sert-elle ?

8 Pourquoi l'a-t-on installée en hauteur ?

9 Y a-t-il une antenne-relais près de chez toi ? Où se trouve-t-elle ?

Les antennes-relais gâchent le paysage et les voisins craignent les effets des ondes sur leur santé. On les cache donc souvent dans les cheminées, les clochers d'églises...

D Des serveurs

Local contenant des serveurs

10 À ton avis, où se trouvent les informations, les photos, les vidéos, les musiques que l'on peut consulter sur Internet ?

11 Quelles mesures de sécurité faut-il prendre pour ces serveurs ?

12 Pourquoi compare-t-on souvent Internet à une toile d'araignée ?

Géographie

Des serveurs DOC. D

Les informations qui circulent sur Internet sont stockées sur d'énormes serveurs. Ils sont extrêmement protégés : climatisation, car les serveurs chauffent ; sécurité contre les incendies, les pannes, le vol de matériel ou de données, les virus informatiques ; alimentation électrique de secours en cas de panne ; copie des données en cas de destruction des serveurs...

VOCABULAIRE

la fibre : la fibre de verre qui permet la circulation très rapide des informations sur Internet.

un fournisseur d'accès : une entreprise qui offre des services permettant de se relier à Internet.

un satellite : un engin lancé dans l'espace, qui tourne autour de la Terre.

un serveur : une machine qui contient des données informatiques et permet d'y accéder.

un smartphone : un téléphone mobile qui dispose de fonctions comme l'accès à Internet...

le très haut débit : un accès très rapide à Internet.

49 INTERNET, L'ESPACE ET LE TEMPS

Internet nous donne accès au monde entier, à n'importe quel moment. Mais est-ce que cela n'a que des avantages ?

A Internet et l'espace

Rencontre avec les dauphins, États-Unis d'Amérique

1. **Décris cette photographie.**
2. **Quels endroits du monde peut-on voir grâce à Internet ?**

Avec Internet, on a l'impression que l'on peut se transporter à l'autre bout de la planète. Cela nous permet de voir des endroits où l'on n'ira jamais.

3. **Que préfères-tu : faire cette activité avec les dauphins ou la voir sur Internet ? Pourquoi ?**
4. **Comment, grâce à Internet, peux-tu communiquer avec des personnes éloignées ?**

EMC 5. **En quoi est-ce un avantage ? Quels en sont les inconvénients ?**

Internet ne remplace pas la réalité. Il ne permet pas de tout voir, il ne permet pas de ressentir (sentir le vent ou le soleil, toucher la peau des dauphins, respirer les parfums, embrasser ceux que l'on aime). Il peut même nous faire oublier qu'il est préférable de se déplacer pour vivre les choses ou se rencontrer physiquement.

6. **Que font ces enfants ?**
7. **Sont-ils au même endroit ?**
8. **Sont-ils ensemble ?**

Plus on utilise les outils de communication modernes, plus ils nous font envie. Du coup, on se trouve côte à côte sans être ensemble : Internet devient plus important que le monde réel.

→ B Internet et le temps

Internet durant la nuit…

9 Que fait cette fille ?

10 Sur Internet, à quelles heures peut-on voir une vidéo ? envoyer un mail ?

11 Et dans la « vraie vie », y a-t-il des horaires pour aller au cinéma ? aller dans les magasins ? recevoir son courrier ?

12 Y a-t-il des choses que tu ne peux pas faire sur Internet ? Lesquelles ?

Internet fonctionne tout le temps : cela nous permet d'accéder à des services n'importe quand, quand nous sommes disponibles.

La réalité dans la journée

13 Internet te permet-il de grandir plus vite ? d'apprendre plus vite ?

14 Décris cette photographie.

15 Pourquoi, quand tu passes une commande sur Internet, n'arrive-t-elle pas tout de suite chez toi ?

En dehors d'Internet, dans la réalité, le temps pose des contraintes. Par exemple, il faut du temps pour aller chercher une marchandise commandée, l'emballer, la transporter et la livrer… Notre impatience peut obliger des personnes à travailler plus vite, dans le stress.

Communiquer toujours plus vite

EMC 16 Que se passe-t-il quand tu écris à quelqu'un qui ne te répond pas tout de suite ?

EMC 17 T'es-tu déjà senti obligé de répondre à des messages sans en avoir envie ?

EMC 18 T'est-il déjà arrivé de te sentir harcelé par quelqu'un qui t'envoie trop de messages ?

EMC 19 Quand tu as un moment de libre, te précipites-tu sur les outils modernes de communication ? Sais-tu pourquoi ?

Les fabricants d'outils numériques font en sorte de nous faire ressentir du plaisir à les utiliser : ainsi, nous avons envie de les utiliser de plus en plus. Plus on y passe de temps, plus on s'éloigne des autres, et cela ne nous rend pas heureux.

50 Des habitants inégalement connectés en France

Peut-être as-tu facilement accès à Internet :
ce n'est pas le cas pour tout le monde en France.

A Internet indispensable

1. D'après ce site Internet, quelles démarches peut-on faire en ligne ?
2. Nomme d'autres démarches que l'on peut faire en ligne.
3. Quels sont les avantages ?
4. Comment peut-on faire si l'on n'a pas accès à Internet ?

Internet indispensable DOC. A

En France, de plus en plus de démarches administratives, comme demander une carte d'identité, un passeport ou un permis de conduire, se font sur Internet. Internet propose également des services qui simplifient la vie quotidienne, comme suivre les résultats scolaires de ses enfants et communiquer avec l'école. Internet devient donc indispensable. Malheureusement, en France, tout le monde n'y a pas accès.

Un accès inégal DOC. B

9 millions de Français (un habitant sur cinq) n'ont pas accès à Internet. Parfois, c'est par manque d'argent : des personnes n'ont pas les moyens d'acheter un ordinateur ou un smartphone et de payer un abonnement. C'est surtout le cas de personnes qui ne savent pas utiliser l'informatique ou aller sur Internet : les personnes âgées, notamment, car les ordinateurs n'existaient pas quand elles étaient jeunes et elles ne savent pas comment cela fonctionne.

B Un accès inégal

5 Quelles difficultés le voisin âgé rencontre-t-il ?

6 À ton avis, pourquoi ?

7 Que signifie le mot « digitalosaure » ?

8 L'auteur de cet article est-il à l'aise avec la technologie ? Pourquoi ?

Il y a quelqu'un qui me prend pour un génie de l'informatique. Depuis que j'ai réussi à le dépanner après avoir simplement éteint et rallumé sa box Internet, mon voisin de 80 ans est persuadé que je suis capable de résoudre à peu près n'importe quel type de problème informatique. En conséquence, le retraité vient régulièrement sonner chez moi avec une moue embarrassée. La dernière fois, c'est parce qu'il n'arrivait plus à passer d'appels avec sa tablette…

À vrai dire, je suis comme lui. Et comme des centaines de milliers de Français de tout âge et de toute condition : un « digitalosaure ». C'est-à-dire un individu inadapté à la marche trop rapide de la technologie. La chose qui me rassure, c'est que je ne suis pas seul. 13 millions de Français éprouvent des difficultés avec la technologie. Le numérique génère un sentiment d'être moins performant que nos outils.

D'après Nicolas Santolaria, « À l'ère du numérique, sommes-nous tous dépassés ? », *Le Monde*, 9 novembre 2018

Géographie

C Un réseau inégal

Site de l'Observatoire France Très Haut Débit, http://observatoire.francethd.fr

9 Sur cette carte, trouve une commune qui a accès au très haut débit.

10 Trouve une commune qui a un Internet lent.

11 Trouve un endroit sans accès à Internet.

12 Va sur le site et regarde le débit dans ta commune.

13 Et le réseau de téléphonie mobile, comment est-il dans ta commune ?

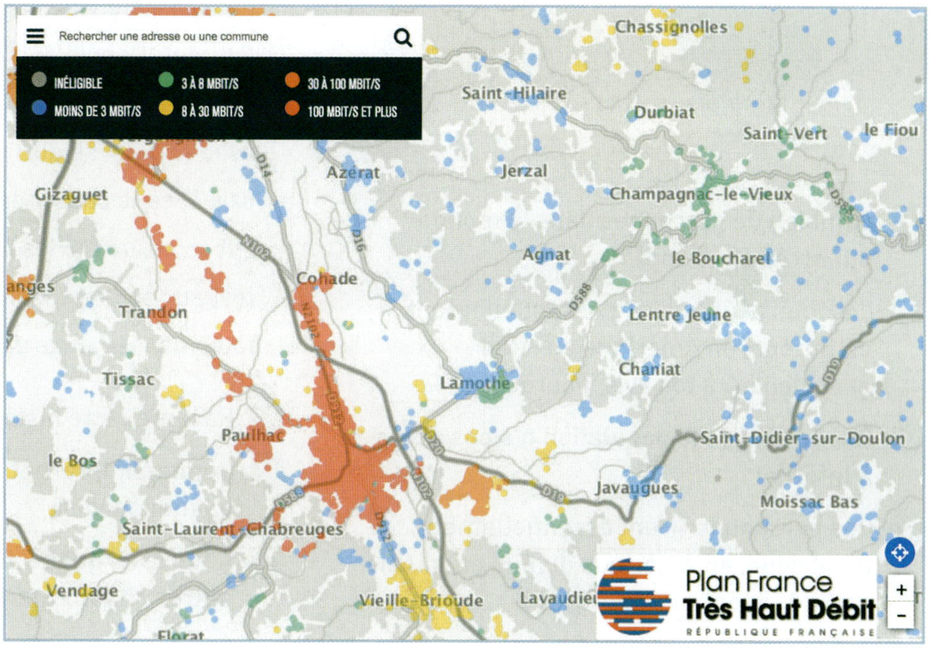

Un réseau inégal DOC. C

Les grandes villes sont bien raccordées à Internet et disposent du très haut débit. En revanche, dans certains espaces ruraux isolés, Internet fonctionne mal ou lentement, ou même il n'y a pas de raccordement ou de réseau mobile. De grandes différences existent également entre la métropole et les territoires d'outre-mer, qui ne disposent que de connexions lentes. Un peu partout, de gigantesques travaux sont en cours pour améliorer la situation.

VOCABULAIRE

une démarche administrative : les actions pour obtenir un papier (par exemple, une carte d'identité), exercer un droit (les allocations familiales…) ou un devoir (payer ses impôts) auprès de l'administration.

le réseau mobile : le réseau téléphonique auquel se connectent les téléphones portables.

la technologie : les techniques modernes complexes.

51 DES HABITANTS INÉGALEMENT CONNECTÉS DANS LE MONDE

À ton avis, comment fait-on pour accéder à Internet quand on vit dans un pays pauvre, loin de tout ?

A De fortes inégalités

Les internautes dans le monde

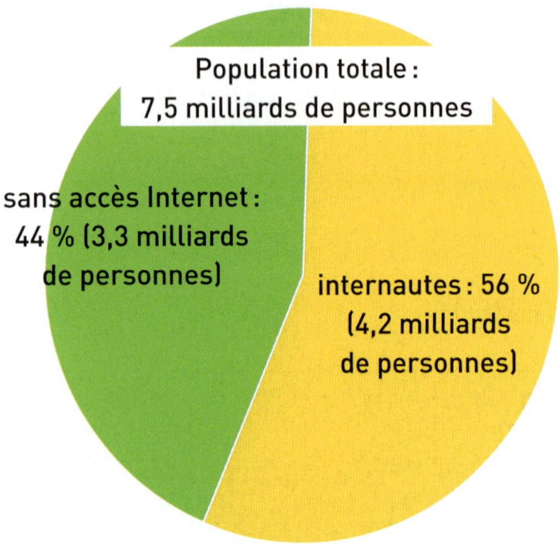

1. Combien de personnes dans le monde ont accès à Internet ?
2. Les internautes vivent essentiellement en Europe, en Amérique du Nord et au Japon : à ton avis, pourquoi ?
3. Quelle part de la population n'a pas accès à Internet ?
4. Ces personnes vivent essentiellement en Afrique, en Amérique du Sud et en Asie du Sud : à ton avis, pourquoi ?

B Un monde à deux vitesses

Zuma travaille au Kenya comme chauffeur et guide : il emmène des touristes voir les animaux sauvages dans la savane. Autrefois, Zuma travaillait pour une agence de voyages qui lui donnait du travail de manière irrégulière. Les meilleurs mois, il gagnait 100 euros par mois : à peine de quoi nourrir sa famille. Un jour, un touriste lui a prêté de l'argent pour qu'il crée un site Internet. Depuis, les touristes le contactent directement, lui posent des questions, organisent avec lui leur séjour, réservent sa voiture et le payent sans passer par un intermédiaire. Il s'est fait connaître sur les forums de voyage et par les réseaux sociaux. Maintenant, Zuma a du travail toute l'année et gagne 1 000 euros par mois.

5. Raconte cette histoire avec tes propres mots.
6. Comment Internet permet-il à Zuma de mieux gagner sa vie ?
7. À ton avis, quelle est la situation pour les autres chauffeurs ?

De fortes inégalités DOC. A ET CARTE 10

La Terre compte 7,5 milliards d'habitants mais seulement 4,2 milliards d'internautes : à peine plus de la moitié de la population mondiale. Ils se trouvent essentiellement dans les régions riches (Europe, Amérique du Nord, Japon). En revanche, 3,3 milliards de personnes n'ont pas accès à Internet, majoritairement dans les régions les plus pauvres (Afrique, Amérique du Sud, Asie du Sud). Dans certains pays, seulement 1 % de la population (une personne sur cent) se connecte à Internet.

Un monde à deux vitesses DOC. B

Cet inégal accès à Internet crée un monde à deux vitesses : d'un côté, les internautes ultra-connectés, ultra-informés, disposent de nombreux services ; de l'autre, la population pauvre ou illettrée, sans accès à Internet, reste en marge de la modernité (information, emplois, services…). De grands travaux d'équipement, mais aussi des progrès dans l'alphabétisation et la réduction des inégalités entre riches et pauvres sont les seuls moyens de remédier à cette fracture numérique.

C Des causes multiples

Une école en Inde

8 Décris cette école : le lieu, les personnes, le matériel, les conditions de travail…

9 À ton avis, ces élèves ont-ils accès à Internet ? Justifie ta réponse.

10 Qui, dans le monde, a facilement accès à Internet ? Pourquoi ?

Géographie

Des causes multiples DOC. C

De nombreux facteurs expliquent ces inégalités : la pauvreté, qui empêche d'acheter le matériel nécessaire et de payer un abonnement ; l'absence de réseau électrique (pour recharger les appareils), de réseau câblé ou mobile (dans les îles, les zones de forêt, les déserts, les régions isolées…) ; l'analphabétisme, qui fait que les personnes sont incapables de taper une requête et de lire le résultat ; le fait de ne pas parler les langues utilisées sur Internet (l'anglais, le chinois, l'espagnol, le français…).

VOCABULAIRE

l'analphabétisme : le fait de ne savoir ni lire ni écrire.

une requête sur Internet : une demande, une recherche sur Internet.

la fracture numérique : la forte séparation entre les personnes qui ont accès à l'informatique et à Internet et les autres.

illettré·e : qui ne sait ni lire ni écrire.

Je fais le bilan du chapitre 5

1. Je peux expliquer ce qu'est Internet et à quoi il sert.

2. Je reconnais au moins trois de ces équipements et je peux dire à quoi ils servent.

3. Je peux dire à quoi servent :
   - un navigateur
   - un moteur de recherche
   - une boîte mail
   - une application
   - un réseau social.

4. Je peux dire qui, en France et dans le monde, n'a pas accès à Internet et pourquoi.

5. Sur un ordinateur branché à Internet, je sais comment :
   - chercher le nombre d'habitants dans ma commune
   - situer mon école sur Google Maps
   - situer ma commune sur Géoportail
   - envoyer un message à un camarade, par un mail ou par un réseau.

6 Mieux habiter

52 QU'EST-CE QUE MIEUX HABITER ?

Les populations habitent leur territoire : elles y vivent, s'y logent, y travaillent, s'y déplacent, y ont des loisirs... Que peut-on faire pour qu'elles y habitent encore mieux ?

A Réduire les risques naturels

Inondations dans le Var (Provence-Alpes-Côte d'Azur)

1. Quelle catastrophe vois-tu sur cette photographie ?
2. En quoi le bétonnage des villes augmente-t-il les risques d'inondation ?
3. Sur la carte 3, situe la région Provence-Alpes-Côte d'Azur.
4. À l'aide de la carte 11, nomme d'autres risques naturels en France.
5. Y a-t-il des risques naturels dans ta ville ? Quelles sont les précautions à prendre ?

Réduire les risques naturels

DOC. A ET CARTE 11

Les humains doivent faire face aux risques naturels : inondations, tempêtes, incendies, avalanches, séismes... Ces problèmes se posent en zone rurale et en zone urbaine, même si les villes ne laissent pas une grande part à la nature. Pour limiter le danger, il faut construire des bâtiments solides, éviter le bétonnage des sols pour que l'eau s'écoule bien en cas de fortes pluies, installer des sirènes pour alerter les habitants... Mieux habiter, c'est mieux se préparer aux risques naturels.

Lutter contre le réchauffement climatique DOC. B

Le réchauffement climatique est provoqué par des gaz liés à la pollution. Il accentue certains risques naturels, comme les tempêtes (en métropole) et les cyclones (outre-mer). Il provoque des canicules, particulièrement fortes dans les villes, car le béton et le bitume emmagasinent la chaleur et la font rayonner. Mieux habiter, c'est limiter le réchauffement climatique et remédier à ses conséquences.

B Lutter contre le réchauffement climatique

6 Que sais-tu du réchauffement climatique ?

7 Lis ce texte et explique pourquoi il fait plus chaud en ville qu'à la campagne.

8 Que peut-on faire pour y remédier ?

Le réchauffement climatique pousse les villes à chercher des solutions contre les canicules. En effet, il fait toujours quelques degrés de plus en centre-ville que dans la campagne environnante, et cette différence est particulièrement importante pendant les canicules. Les villes fonctionnent alors comme des pièges à chaleur. D'une part, les moteurs (voitures, usines, climatiseurs…) chauffent l'air ambiant. D'autre part, les couleurs sombres (trottoir, chaussée) et les matériaux utilisés en ville (bitume, béton…) captent la chaleur. Au contraire, les surfaces claires et les espaces verts renvoient la chaleur, donc restent plus frais : il y a plus de 10 °C de différence entre un trottoir et un jardin ensoleillé.

C Améliorer la qualité de vie

9 Dis ce que tu vois sur cette photographie.

10 Les conditions sont-elles bonnes pour se promener en ville ? Que peut-on faire pour les améliorer ?

11 Les conditions sont-elles bonnes pour les déplacements des voitures en ville ? Que peut-on faire pour les améliorer ?

12 Quelles autres actions peut-on entreprendre pour améliorer la vie en ville ?

Géographie

Améliorer la qualité de vie DOC. C

Mieux habiter, c'est aussi améliorer la qualité de vie, à la campagne comme à la ville :

- permettre à tous de se loger dans de bonnes conditions ;
- faciliter les transports et réduire les problèmes qu'ils peuvent poser ;
- limiter la pollution pour protéger la santé des habitants ;
- créer un cadre de vie le plus agréable possible et des conditions permettant de mieux vivre ensemble.

VOCABULAIRE

le bétonnage : le fait de construire avec du béton partout.

le bitume : le produit gris qui recouvre les routes.

une canicule : une période de plusieurs jours de forte chaleur.

la qualité de vie : le bien-être de la population, les conditions qui permettent ce bien-être.

les risques naturels : les dangers possibles en lien avec la nature (tempête, inondation…).

un séisme : un tremblement de terre.

53 MIEUX LOGER

Pour mieux habiter, il faut d'abord que les populations se logent toujours mieux.

A Lutter contre l'habitat indigne

Écroulement de trois immeubles à Marseille (Provence-Alpes-Côte d'Azur) et chambre insalubre à Soissons (Hauts-de-France)

1. Sur la carte 4, situe Marseille et Soissons.
2. Quelles raisons peuvent expliquer que ces immeubles se sont écroulés ?
3. Quelles sont les conséquences pour les habitants ?
4. Que doit-on faire pour remédier à ces situations ?
5. Décris cette chambre.
6. À quoi vois-tu que cette chambre est insalubre ?
7. Quels animaux sont sans doute attirés par cette situation ? En quoi est-ce dangereux ?
8. Dans ta commune, que fait-on pour lutter contre l'habitat indigne ?

Lutter contre l'habitat indigne DOC. A

La population française a augmenté plus vite que le nombre de logements. De ce fait, de nombreuses personnes ne trouvent pas de logement ou des habitations minuscules, inadaptées (garages, caves…), dangereuses (mal entretenues ou disposant d'une installation électrique trop ancienne) ou des logements insalubres du fait de l'humidité, des déchets, des cafards et des rats, ou sans eau courante. Il faut détruire cet habitat pour le reconstruire.

Transformer les « quartiers » DOC. B

Certains quartiers vieillissent mal ou se trouvent loin des commerces et des emplois. De nombreux habitants en sont partis. Seules les familles défavorisées restent, car elles n'ont pas les moyens de se loger ailleurs. De nos jours, on améliore ces quartiers en rénovant les bâtiments existants ou en les détruisant pour en construire de nouveaux, en installant des commerces, des services, des équipements pour les loisirs, et en créant des emplois sur place.

B Transformer les « quartiers »

Panneau sur un chantier de construction à Nantes (Pays de la Loire)

9. Que vois-tu sur ce panneau ?
10. Pourquoi détruit-on parfois des quartiers anciens ?
11. Quels services sont prévus près de ces logements ? Pourquoi ?
12. Que peut-on faire d'autre pour transformer les quartiers vieillissants ?
13. Y a-t-il, près de chez toi, un quartier réhabilité ou en cours de réhabilitation ?

C Économiser l'énergie

Une école « zéro énergie » à Limeil-Brévannes (Île-de-France)

14. Les façades de cette école sont orientées vers le sud : pourquoi ?
15. Repère les panneaux solaires : à quoi servent-ils ?
16. Les murs et le toit ont été isolés : à quoi cela sert-il ?
17. Les fenêtres disposent de triples vitrages : pourquoi ?
18. Et dans ton école, quel est le mode de chauffage ?

Économiser l'énergie DOC. C

Chaque bâtiment a besoin d'énergie pour l'éclairage, le chauffage et le fonctionnement des appareils électriques. Pour consommer moins d'énergie, on choisit un mode de chauffage adapté, on isole les murs et les toits et l'on met du double ou triple vitrage sur les fenêtres. On oriente les nouveaux bâtiments de façon qu'ils profitent de la lumière naturelle. On privilégie les énergies renouvelables : solaire, éolienne et pompe à chaleur.

VOCABULAIRE

défavorisé·e : qui n'est pas riche, qui est en marge de la société.
les énergies renouvelables : les énergies qui se renouvellent sans cesse (la lumière du soleil, la force du vent, le mouvement des marées…).
insalubre : qui est mauvais pour la santé, du fait notamment de l'humidité.
une pompe à chaleur : un système qui récupère la chaleur d'un lieu (par exemple, celle dans la terre).
la réhabilitation : le fait de remettre en état.
rénover : remettre à neuf.

54 Développer la nature en ville

La ville est un espace empli de bâtiments. Pourtant, la nature y est présente. Pourquoi est-ce important d'avoir des espaces verts en ville ?

A Améliorer le cadre de vie

Jardin sur les berges à Bordeaux (Nouvelle-Aquitaine)

1. Sur la carte 4, situe Bordeaux.
2. Décris cette photographie.
3. Est-ce habituel, en ville, de voir beaucoup de végétation ?
4. À quoi vois-tu que c'est un paysage urbain ?
5. La végétation est-elle sauvage ou plantée et entretenue ? Justifie ta réponse.
6. Dans ta commune, où y a-t-il des espaces verts ? Comment sont-ils ? À quoi servent-ils ?

Améliorer le cadre de vie DOC. A

Dans les villes, presque tout l'espace est occupé par les rues et les bâtiments : la végétation est rare, ce qui crée parfois un sentiment d'asphyxie. Or la nature est apaisante. La présence d'arbres le long des avenues, d'espaces verts et de parterres de fleurs embellit le paysage. Les squares, les parcs s'ouvrent à la promenade, aux jeux, aux loisirs, au sport, à la convivialité, voire au plaisir de jardiner. Tout cela améliore le cadre de vie.

Préserver l'environnement DOC. B

La végétation absorbe le gaz carbonique et rejette de l'oxygène, donc dépollue l'air et en améliore la qualité. Elle absorbe la chaleur urbaine et crée des îlots de fraîcheur, ce qui participe à la lutte contre le changement climatique. Elle retient les eaux et limite le ruissellement. Elle forme des barrières contre le bruit. Enfin, les espaces verts favorisent la biodiversité et le développement de la faune (oiseaux…).

→ B Préserver l'environnement

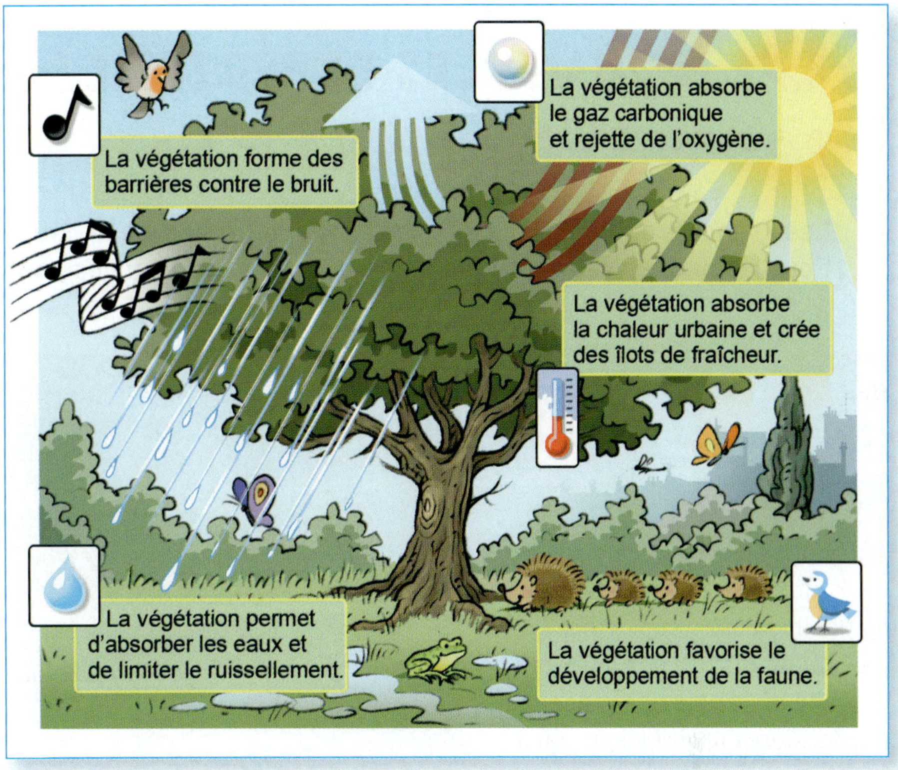

7 Dans ta commune, y a-t-il des problèmes d'inondations ? de pollution de l'air ? de bruit ?

8 Quel est le rôle positif de la végétation en ce qui concerne : les pluies abondantes ? la qualité de l'air ? la chaleur ? le bruit ? la biodiversité ?

?9 Fais des recherches pour savoir quels animaux sauvages on trouve dans ta commune.

→ C Créer des espaces verts

Affiche de la mairie de Paris

10 Qu'est-ce que la mairie de Paris propose aux Parisiens ?

11 Dans quel but ?

12 Où, dans la ville que tu connais, trouve-t-on de la végétation ?

13 Qui s'en s'occupe ?

14 A-t-on le droit de cueillir les fleurs en ville ? Pourquoi ?

Créer des espaces verts DOC. C

De nos jours, les municipalités urbaines augmentent l'espace laissé à la nature en créant de nouveaux espaces verts : elles plantent davantage d'arbres, multiplient les parterres de fleurs, mettent à la disposition des habitants des espaces pour qu'ils créent leurs propres jardins, proposent des jardins partagés, aménagent les berges des fleuves, créent des « coulées vertes » pour les piétons et les cyclistes. Certaines encouragent même l'agriculture urbaine.

VOCABULAIRE

l'agriculture urbaine : l'agriculture dans la ville.
les berges d'un fleuve : les bords d'un fleuve.
la biodiversité : la diversité de la faune et de la flore.
la convivialité : les bonnes relations entre les personnes.
un jardin partagé : un espace vert que les habitants d'un quartier cultivent et dont ils profitent ensemble.

55 De nouvelles expériences pour développer la nature en ville

Les Français et les Françaises pensent que préserver la nature en ville est une priorité. Pour répondre à leurs attentes, de nouvelles expériences sont tentées.

A Préserver les espaces naturels

La Petite Amazonie à Nantes (Pays de la Loire)

Autrefois, en zone urbaine, on exploitait le moindre espace disponible pour y construire des bâtiments. De nos jours, on cherche au contraire à préserver les dernières prairies sauvages et forêts urbaines, quitte souvent à en interdire l'accès au public.

1. Pourquoi de tels espaces sont-ils interdits au public ?
2. Y a-t-il des espaces naturels protégés dans ta commune ?

B Végétaliser les toits

Toit urbain végétalisé à Nancy (Grand-Est)

On développe la végétation sur les balcons, les terrasses, au pied d'arbres, mais aussi dans de nouveaux endroits comme les toits des immeubles.

3. Décris ces toits.
4. ? Fais des recherches et trouve quel avantage la végétalisation des toits apporte aux habitants de l'immeuble.
5. Quels avantages apporte-t-elle aux habitants du quartier ?
6. Y a-t-il des toits végétalisés dans ta commune ?

→ C L'agriculture urbaine

Ferme urbaine à Annecy (Auvergne-Rhône-Alpes)

Traditionnellement, on produit à la campagne la nourriture pour les habitants des villes. Mais la population urbaine augmente, les transports coûtent cher, consomment de l'énergie et créent de la pollution.

7 **Observe la photographie et lis le texte : que produit cette ferme ?**

8 **À quoi vois-tu qu'elle se trouve en ville ?**

9 **À ton avis, quels sont les avantages de l'agriculture en ville ?**

Depuis quelques années, on développe l'agriculture urbaine : potagers familiaux, jardins partagés, fermes urbaines sur les toits et sur des terrains inoccupés.

La Ferme urbaine de la Petite Ceinture (une ancienne voie ferrée) à Paris comporte un jardin potager, un élevage de poissons, des ruches (élevage d'abeilles loin des insecticides), des canards qui mangent les limaces, des poules nourries avec les restes de végétaux, un lombricomposteur dans lequel les vers de terre transforment les déchets végétaux en terreau. Chaque année, la ferme produit 3 tonnes de fruits et légumes (salades, choux, poireaux, tomates, courgettes, aubergines, concombres, haricots verts, pommes de terre, radis, fraises, mirabelles, mûres...), 400 kg de poisson (carpes, truites), 4 000 œufs et 40 kg de miel. C'est la preuve que l'on peut pratiquer l'agriculture en pleine ville.

Moutons à Mont-de-Marsan (Nouvelle-Aquitaine)

10 **Nomme ces animaux.**

11 **De quoi se nourrissent-ils ?**

12 **Habituellement, dans les villes, comment coupe-t-on l'herbe ?**

13 **Pour qui cette manière de faire est-elle intéressante ?**

56 L'ARCHITECTURE VÉGÉTALE

Des architectes et les personnes qui construisent les maisons utilisent la végétation pour améliorer l'habitat et le cadre de vie.

→ A Des matériaux végétaux

Maison en paille à Ribes (Auvergne-Rhône-Alpes)

Des architectes privilégient les matériaux durables et recyclables. Par exemple, pour isoler les bâtiments de la chaleur ou du froid, ils utilisent de la paille, du chanvre et même de la laine.

1. **Décris cette maison.**
2. **En quoi la paille est-elle renouvelable ?**
3. **Quels dangers peut-elle présenter ? Comment y remédier ?**

→ B Décorer

Mur végétal, Musée du quai Branly à Paris

Des artistes transforment les façades en murs végétaux. Ici, il a fallu installer des supports et mettre en place un système d'arrosage avant de disposer 15 000 plantes.

4. **Est-ce que ce mur végétal te plaît ?**
5. **As-tu déjà vu un mur végétal de ce type ? Où était-ce ?**

C Construire différemment

L'Arboricole à Angers (Pays de la Loire)

Dans ce bâtiment en projet, les 50 appartements sont entourés de végétation. Cela permettra aux habitants de profiter d'une vue agréable, un peu comme s'ils vivaient dans une forêt, de disposer d'un air de meilleure qualité, de températures plus douces et de fruits et de légumes toute l'année.

6 **Décris cet immeuble.**

7 **Quel effet la végétation crée-t-elle ?**

D Réinventer la ville

Paris végétalisé : un projet pour 2050 ?

Un architecte a ainsi imaginé la capitale en 2050, si l'on végétalisait entièrement la ville.

8 **Dis ce que tu vois sur cette image.**

9 **Quelle impression cela crée-t-il ?**

10 **Imagine la vie dans cette ville : l'air, le bruit, les déplacements, la convivialité...**

57 Mieux circuler

Les municipalités cherchent à améliorer la circulation, à réduire les embouteillages et les temps de déplacement, leur coût, le bruit, la pollution de l'air et le stress.

A Les mobilités douces

La place occupée par 200 personnes circulant dans 177 voitures, dans un métro, à bicyclette ou dans trois bus

1. **Identifie les moyens de transport correspondant à chaque photographie.**
2. **Quels sont les avantages de chacun ? Quels en sont les inconvénients ?**

De nombreuses municipalités encouragent les mobilités douces (silencieuses et non polluantes) comme la marche, le vélo, la trottinette ou les véhicules électriques qui consomment peu d'énergie, ne polluent pas et ne font pas de bruit.

Certaines villes proposent ces véhicules à la location. D'autres privilégient les bus électriques ou le vélo taxi. D'autres encore interdisent certains véhicules comme les poids lourds et les voitures très polluantes.

3. **Dans ton quartier, est-il facile de circuler à pied ? à vélo ?**
4. **Dans ta commune, les transports en commun sont-ils développés ?**
5. ? **Fais des recherches : à quelle vitesse en moyenne une voiture roule-t-elle en ville ? et un vélo ? Que peux-tu en conclure ?**

B Des voies réservées aux mobilités douces

La Coulée verte à Paris

Pour mieux circuler, il faut aussi prévoir des espaces dédiés aux mobilités douces. À Paris, cette promenade plantée est réservée aux piétons et permet de faire un long trajet à pied dans un environnement agréable, sans traverser aucune rue.

6 **En quoi cette coulée verte est-elle plus agréable que le trottoir ?**

7 **Dans ta commune, existe-t-il une coulée verte, une promenade plantée ou un axe réservé aux piétons ?**

Sas vélo à Nevers (Bourgogne-Franche-Comté)

Les sas vélo permettent aux cyclistes de se placer devant les automobilistes au feu tricolore. Les automobilistes les voient mieux et les cyclistes ont de l'espace pour prendre leur élan au moment de redémarrer.

8 **Sans les sas vélo, les cyclistes se trouvent souvent derrière les voitures : en quoi est-ce mauvais pour leur santé ? (pense à l'air qu'ils respirent)**

9 **Y a-t-il des sas vélo dans ta commune ?**

10 **Quels sont les avantages des pistes cyclables ?**

11 **Y en a-t-il dans ton quartier ou ta commune ?**

12 **D'autres mesures ont-elles été prises dans ta commune pour faciliter les déplacements à vélo ?**

13 **Comment pourrait-on encore augmenter la sécurité ?**

VOCABULAIRE

les mobilités douces : les modes de déplacement dans la rue ou sur la route qui n'utilisent pas d'autres énergies que l'énergie humaine.

58 QUE FAIRE DE NOS DÉCHETS ?

Qu'y a-t-il dans nos poubelles ?
Et en quoi nos déchets posent-ils problème ?

→ A

Trop de déchets

Part des différents types de déchets

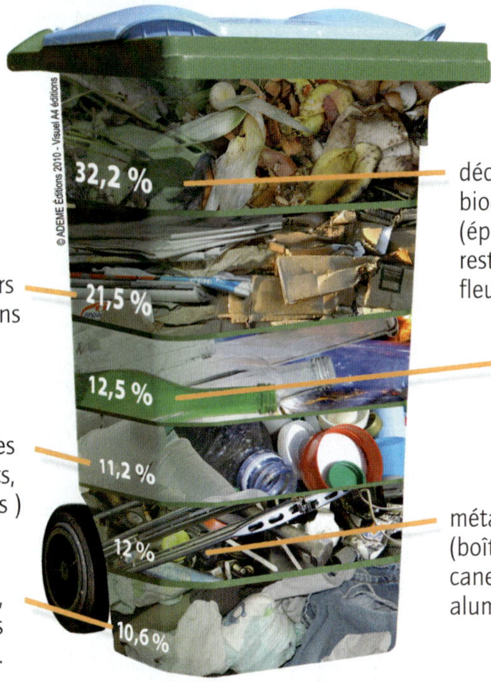

1. Quels déchets produisons-nous dans notre vie quotidienne : à la maison ? à l'école ? ailleurs ?
2. Quels déchets sont les plus nombreux dans nos poubelles ?
3. Quels déchets sont les moins nombreux ?

Emballages dans une cuisine

Un photographe a conservé ses emballages pendant quatre ans puis les a disposés dans son appartement pour les photographier.

4. Décris cette photographie.
5. À ton avis, quels emballages trouve-t-on dans les autres pièces ?
6. En quoi cela pose-t-il un problème ?
7. Que penses-tu du travail de ce photographe ?

Trop de déchets DOC. A

En France, chaque habitant produit près de 600 kg de déchets par an : des restes de repas, des feuilles de papier, des bouteilles, des emballages, des boîtes vides… Les activités économiques aussi produisent des déchets : papiers, cartons, restes de produits industriels, déchets agricoles… Tous ces déchets ont considérablement augmenté du fait des produits jetables (mouchoirs, gobelets…) et surtout des emballages (cartons, plastiques…).

Le devenir des déchets DOC. B

Les déchets ne se détruisent pas tout seuls, ou alors très lentement. La plupart restent des années : 5 ans pour un chewing-gum, 100 ans pour une canette en métal, 1 000 ans pour une bouteille en plastique. Si on les laisse n'importe où, les paysages et les océans peuvent devenir d'immenses décharges. Cela pose des problèmes de pollution, mais aussi de santé : certains déchets sont toxiques, comme les piles, qui polluent le sol et les rivières.

→ B Le devenir des déchets

Décharge sauvage en forêt

8 Décris cette photographie.

9 Ces déchets sont-ils biodégradables ? Que vont-ils devenir ?

? 10 Fais des recherches et trouve quels déchets se dégradent le plus rapidement ; le moins rapidement.

11 Quels déchets ne faut-il pas jeter dans la rue ? dans la nature ?

12 Quels déchets sont dangereux pour la nature et pour notre santé ?

→ C La collecte des déchets

Le ramassage des ordures à Voiron (Auvergne-Rhône-Alpes)

13 Que font ces éboueurs ?

14 Quels produits collectent-ils ?

15 Par qui sont-ils payés pour ce travail ?

EMC 16 Quelles autres actions ta commune fait-elle pour collecter les déchets ? pour garder les rues propres ?

La collecte des déchets DOC. C

Il faut donc ramasser et détruire les déchets. Chaque commune est responsable des déchets sur son territoire. Elle installe des conteneurs pour que les habitants y déposent leurs ordures ou elle fait passer des éboueurs au pied des habitations. Elle crée des déchetteries pour les encombrants et les déchets dangereux. Elle organise le nettoyage des rues, des routes, des forêts. Elle place des poubelles dans les lieux publics.

VOCABULAIRE

biodégradable : que la nature peut détruire rapidement.

un conteneur : une grande caisse.

une décharge : un lieu où l'on se débarrasse des ordures, des déchets, des gravats…

une déchetterie : un lieu où l'on peut déposer des déchets pour qu'ils soient recyclés ou détruits.

les encombrants : les gros déchets (les vieux meubles, les appareils électroménagers…).

un lieu public : un espace accessible à tous.

59 Réduire et recycler les déchets

Que deviennent nos déchets ?
Comment les réduire ? les recycler ? les trier ?

A Réduire les déchets

Affiche de la communauté d'agglomération d'Angers (Pays de la Loire)

1. Décris cette affiche : les images, les textes.
2. Que suggère-t-elle de faire des objets dont on n'a plus besoin ou que l'on ne veut plus ?
3. Et toi, que peux-tu faire pour réduire tes déchets ?

B Recycler les déchets

Traitement des déchets ménagers en France

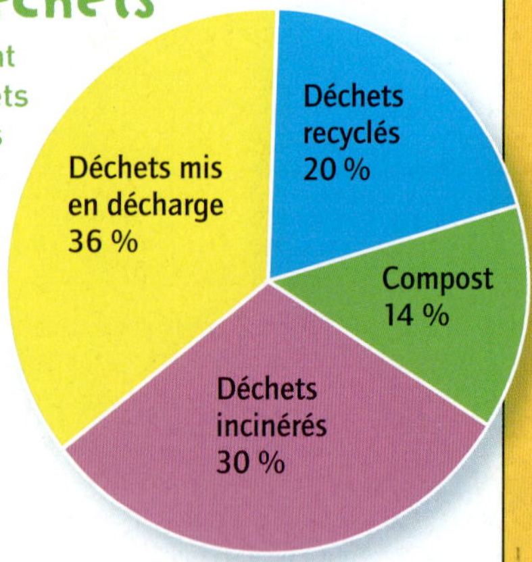

4. Quelle part des déchets ménagers est recyclée ? incinérée ? Que devient la plus grande part des déchets ?

Réduire les déchets DOC. A

En France, chaque année, on collecte, on transporte et on stocke ou détruit près d'un milliard de tonnes de déchets : cela consomme de l'énergie, pollue et coûte cher. Chacun peut réduire ses déchets : acheter moins, emprunter, louer ; préférer les produits peu emballés, rechargeables, et éviter les produits jetables ; réparer (chaussures, vêtements, appareils…) ; donner ou revendre ce qui peut encore servir ; et ne pas gaspiller.

Recycler les déchets DOC. B

Certains déchets peuvent être réutilisés, ce qui permet de moins prélever de nouvelles ressources dans la nature. Par exemple, on fabrique des emballages avec des vieux papiers et des vieux cartons, des bouteilles avec le verre, des canettes et des boîtes de conserve avec le métal, du plastique mais aussi des tissus avec certains plastiques (bouteilles…). On peut aussi composter les épluchures et les végétaux. Le reste est enterré ou incinéré.

C Trier et recycler les déchets

Tract de la communauté d'agglomération Plaine centrale (Créteil, Alfortville, Limeil-Brévannes)

5 Quels déchets peuvent être recyclés ? Que permettent-ils de fabriquer ? Donne des exemples.

6 Que deviennent les autres déchets ?

7 Pourquoi faut-il trier les déchets ?

8 Dans ta commune, comment sont les conteneurs pour le papier ? le carton ? le plastique ? le métal ? le verre ? Y a-t-il un conteneur pour le compost ?

9 Quels déchets ne faut-il jamais jeter à la poubelle ? Pourquoi ? Que doit-on en faire ?

Trier les déchets DOC. C

La loi impose à chacun de trier ses déchets : le papier, le carton, le verre, le plastique et le métal. Ces déchets recyclables sont transportés dans des centres de tri. Ceux-ci vérifient et terminent le tri, puis envoient les matériaux récupérés dans des usines qui, avec, fabriquent de nouveaux produits. La loi impose aussi de rapporter les médicaments inutilisés à la pharmacie, les piles usagées et les ampoules cassées dans les magasins qui les vendent.

VOCABULAIRE

un centre de tri : un lieu, une usine qui récupère les déchets triés et les envoie vers des usines de recyclage.

composter : faire en sorte que des déchets végétaux pourrissent et se transforment en terre.

incinérer : brûler à très haute température pour transformer en cendres.

recyclable : dont les différentes parties peuvent être réutilisées.

Géographie

60 L'USINE DE TRI DES DÉCHETS ARC-EN-CIEL

Que deviennent les déchets que nous trions et jetons ?

A L'arrivée des déchets

Chaque année, l'usine Arc-en-Ciel près de Nantes reçoit et traite plus de 330 000 tonnes de déchets triés à recycler.

1. **Sur la carte 4, situe Nantes.**
2. **Dis ce que tu vois sur cette photographie.**
3. **À ton avis, qu'est-ce que ce camion apporte ?**

B Le tri

À l'intérieur, les déchets passent sur des tapis roulants. Des machines les reconnaissent et les trient : papier et carton, plastiques, métaux… Des ouvriers terminent le tri.

→ C Le stockage

Après le passage sur les 1 000 mètres de tapis roulants, il reste 130 000 tonnes de déchets que l'on stocke dans des silos.

4 **Comment les déchets arrivent-ils dans ces silos de stockage ?**

5 **À ton avis, que se passe-t-il si, au départ, nous trions mal nos déchets ?**

→ D Le recyclage

Usine de fabrication du verre à partir de verre recyclé

L'usine Arc-en-Ciel envoie le verre récupéré dans des usines, qui le fondent pour fabriquer de nouvelles bouteilles en verre.

6 **Sais-tu ce que devient**
le plastique récupéré ?
le métal récupéré ?
le papier et le carton ?

7 **Que deviennent les déchets végétaux ?**

→ E Le « reste »

L'usine Arc-en-Ciel traite aussi les déchets non recyclables. Ils sont incinérés. La chaleur est récupérée pour alimenter les radiateurs dans des habitations à l'est de Nantes et pour fournir de l'énergie au tramway et à certaines usines.

8 **Regarde à nouveau la première photographie page 138 : qu'est-ce que cette grande cheminée ?**

61 Mieux vivre ensemble

Mieux habiter consiste aussi à rendre la vie quotidienne plus agréable.

→ A Faciliter la vie de tous

Premier tour de France de l'accessibilité avec Vincent Michel, président de la Fédération française des aveugles et handicapés visuels de France, Bordeaux, le 5 avril 2011

1. Quels peuvent être les problèmes des personnes en fauteuil roulant dans les rues ? dans les transports en commun ? dans les magasins ? à la poste ? dans les logements ?
2. Pourquoi crée-t-on des places de parking qui leur sont réservées ? Pourquoi faut-il les respecter ?
3. Quels peuvent être les problèmes des personnes aveugles dans la rue ? Que peut-on faire ?

Faciliter la vie de tous DOC. A

Mieux habiter, c'est aussi faciliter la vie de tous, notamment celle des personnes handicapées : prévoir des trottoirs abaissés pour les fauteuils roulants (mais aussi les poussettes), construire des rampes d'accès et des ascenseurs adaptés, mettre les guichets à la bonne hauteur, organiser l'accès dans les transports en commun, créer des places de parking réservées, installer des feux tricolores sonorisés pour les non-voyants…

Garder la ville propre DOC. B

Chacun est concerné par son quartier. Il s'y comporte comme il le ferait chez lui : en utilisant proprement les poubelles publiques pour y mettre ses déchets, en ne jetant rien par terre, en ramassant les saletés de son chien, en respectant les espaces verts, en ne taguant pas et en ne salissant pas les murs, le mobilier urbain ou les transports en commun, en ne mettant pas ses pieds sur les sièges. De cette manière, le quartier est plus agréable.

B Garder la ville propre

Dans une rue de Paris

4 Dans quel état est cette rue ?

5 Que s'est-il passé ?

6 Pourquoi n'a-t-on pas le droit de mettre les déchets encombrants sur le trottoir ?

7 Que faut-il faire quand la poubelle publique est pleine ?

8 Pourquoi est-il interdit de faire de tags sur les murs ?

C Vivre ensemble

Rencontre entre voisins

9 Qu'a fait ce jeune homme en rencontrant son voisin sur le chemin de l'école ?

EMC 10 Et toi, que fais-tu quand, avec tes camarades, tu rencontres des voisins dans la rue ?

EMC 11 Que peut-on faire pour bien se comporter dans les magasins ? dans l'immeuble ?

EMC 12 Comment bien se comporter dans les transports en commun ?

Vivre ensemble DOC. C

Par son comportement, chacun peut rendre la vie quotidienne plus agréable. Vivre ensemble dans son immeuble, dans la rue, les magasins, c'est saluer, tenir la porte, laisser passer, indiquer le chemin, apporter son aide, prendre des nouvelles… Dans les transports en commun, on peut aider quelqu'un à monter, laisser passer les plus petits, céder sa place à une femme enceinte ou à une personne âgée…

VOCABULAIRE

un feu tricolore sonorisé : un feu tricolore qui émet des sons pour indiquer aux personnes non voyantes quand traverser.

le mobilier urbain : l'ensemble des équipements installés dehors, dans les lieux publics, pour l'usage de tous (par exemple, les bancs, les fontaines, l'éclairage des rues…).

une rampe d'accès : un passage en pente qui permet aux fauteuils roulants de monter et descendre.

62 Habiter un écoquartier

Un écoquartier est un quartier urbain construit dans un but de développement durable : en faire profiter une large population, tout en préservant l'environnement et les ressources de la planète pour les générations futures.

A Une population et des équipements variés

L'écoquartier La Courouze à Rennes (Bretagne)

Un écoquartier est d'abord un quartier d'habitation, avec des logements. Il accueille des générations différentes : adultes, enfants, jeunes, personnes âgées… Il accueille aussi des personnes de niveaux de richesse variés. Il comporte des crèches, des écoles, des résidences étudiantes ou jeunes travailleurs, des résidences pour les personnes âgées, des habitations à loyer modéré (HLM) et des logements à acheter.

L'écoquartier Bonne à Grenoble (Auvergne-Rhône-Alpes)

Un écoquartier est un vrai quartier, avec tout « sous la main », de façon à limiter les déplacements : des bureaux, des services et des services publics, des commerces, des équipements de loisirs.

1 Décris ces deux quartiers.

2 Pourquoi est-ce important de réunir plusieurs générations dans un même quartier ?

3 Pourquoi est-ce important de créer des emplois dans un quartier d'habitation ?

B Préserver l'environnement

L'écoquartier de la Halle Pajol à Paris (Île-de-France)

Dans un écoquartier, les bâtiments sont construits de façon à économiser l'énergie (isolation, orientation vers la lumière) et à privilégier les énergies renouvelables.

4 **Sur ce bâtiment, situe les panneaux solaires.**

5 **Pourquoi a-t-on installé de grandes verrières à l'étage, au-dessus de la bibliothèque ?**

?6 **Cherche l'intérêt de recouvrir la façade de bois.**

L'écoquartier Ginko Lac à Bordeaux (Nouvelle-Aquitaine)

Les écoquartiers privilégient les espaces verts : on conserve les arbres et les plantes qui ont poussé naturellement et on complète avec d'autres espaces végétalisés.

7 **Décris la nature dans cet écoquartier.**

8 **Pour quelles raisons privilégie-t-on les espaces verts ?**

9 **Ce bassin permet de recueillir les eaux de pluie du quartier : à quoi cela peut-il servir ?**

L'écoquartier Andromède près de Toulouse (Occitanie)

Les écoquartiers privilégient les « mobilités douces ». On y trouve de nombreuses voies piétonnes et des pistes cyclables. On y accède par de nombreux transports en commun et l'on gare sa voiture à l'extérieur ou en sous-sol.

10 **Nomme différents moyens de se déplacer en mobilité douce.**

11 **Sur la** **carte 4****, situe les villes présentées sur cette double page.**

Je fais le bilan du **chapitre 6**

1 Je peux nommer ou décrire quelques espaces verts dans ma ville ou dans la ville proche de chez moi et je peux expliquer pourquoi je dois les respecter.

2 Je sais trier ces déchets et je peux expliquer pourquoi je dois le faire.

3 Je peux nommer trois déchets que l'on ne trie pas et j'explique ce que je dois en faire.

4 Je peux dire deux choses que je fais pour limiter mes déchets et expliquer pourquoi c'est important.

5 Je peux dire trois choses que je fais pour économiser les ressources et limiter les pollutions, et je peux expliquer pourquoi c'est important.

6 Je peux proposer trois actions pour encourager le développement durable dans mon quartier.

7 Je peux donner les caractéristiques d'un écoquartier.

7

Respecter autrui

63 LE RESPECT ET LA DISCRIMINATION

Respecter les autres, c'est rejeter toutes les formes de discrimination.

A La tolérance

Image du film *Billy Elliot*

L'histoire de Billy Elliot est celle d'un garçon de onze ans qui se passionne pour la danse classique, ce qui provoque la colère de son père et les moqueries de ses camarades.

1 Le père et les camarades de Billy se sont-ils montrés tolérants ?

2 Comment serait un monde où nous serions tous pareils, avec les mêmes goûts ?

Et moi ? Est-ce qu'il m'arrive de trouver ridicules les choix des autres ?

La tolérance DOC. A

Il existe de nombreuses différences entre nous : dans notre origine, notre apparence, notre caractère, nos talents, nos goûts, nos opinions, nos croyances, notre manière de vivre, de ressentir et d'exprimer nos sentiments et nos émotions.

La tolérance consiste à accepter les autres comme ils sont, à respecter leurs différences, à ne pas leur imposer notre point de vue, notre façon d'être ou de vivre. Elle permet de vivre en bonne harmonie côte à côte.

L'intolérance DOC. B

Au contraire, l'intolérance consiste à considérer que notre apparence, notre origine, nos choix ou notre mode de vie sont supérieurs à ceux des autres. L'intolérance peut nous faire regarder avec mépris un élève parce qu'il n'est pas habillé comme nous, nous moquer d'une personne âgée parce qu'elle marche lentement, insulter un éboueur ou un balayeur à cause de son métier, ricaner parce qu'un garçon aime jouer avec les filles… L'intolérance est un manque de respect.

→ B L'intolérance

3 Lis cette histoire et raconte-la avec tes mots.

4 Explique la dernière phrase.

5 Quelles sont les différences entre ces deux personnes ?

6 En quoi le grammairien se montre-t-il intolérant ?

7 Comment, dans la classe, pouvons-nous nous montrer tolérants les uns envers les autres ?

Un capitaine transportait les gens d'une ville à une autre sur son bateau. Il connaissait bien son métier et on l'appréciait pour son expérience et pour son courage. Un jour, un grammairien monta à bord. C'était un homme plein d'orgueil, qui se moquait des gens qui parlaient mal : il se moquait de leur accent, de leurs phrases bancales. Ce jour-là, le capitaine racontait des histoires de marins. Pour le rabaisser, le grammairien l'interrogea devant tout le monde :

– As-tu lu la grammaire ?

– Non, répondit le capitaine étonné. J'ai appris un peu de grammaire à l'école mais je ne connais pas les sciences dont tu me parles.

Triomphalement, le grammairien conclut :

– Tu as perdu la moitié de ta vie !

Quelques heures plus tard, le ciel se remplit de gros nuages noirs, les vents se transformèrent en tempête. Le bateau tanguait dangereusement. Le capitaine s'occupait de sauver ses passagers. Soudain, il tomba sur le grammairien recroquevillé sur lui-même. Il demanda : « Sais-tu nager ? »

Le grammairien, effrayé, répondit d'une petite voix : « Non, je n'ai pas appris. »

Le capitaine dit : « Toute ta vie va être perdue ! »

D'après Namvar-Motlag Bahman et Ebrahimi-Ripa Marjan, *Sagesses et malices de la Perse*, Albin Michel, 2001

→ C Les discriminations

8 Le propriétaire d'un terrain a-t-il le droit d'y interdire le stationnement ?

9 A-t-il le droit d'interdire le stationnement à certaines personnes seulement ?

Et moi ? M'arrive-t-il de rejeter quelqu'un parce qu'il est différent de moi ?

Les discriminations DOC. C

La discrimination consiste à refuser des droits (un travail, un logement, l'inscription dans une école ou une activité) à une personne à cause de son apparence, son origine, son mode de vie ou ses choix de vie.

En France et dans l'Union européenne, la loi interdit la discrimination car elle est contraire à l'égalité entre tous. Elle punit ceux qui ont des attitudes discriminatoires, qui peuvent être condamnés jusqu'à deux ans de prison.

VOCABULAIRE

des croyances : ce à quoi l'on croit, les idées, la religion…

la discrimination : le fait de traiter quelqu'un moins bien que les autres et de ne pas respecter ses droits.

l'intolérance : le fait de ne pas accepter les autres avec leurs différences.

la tolérance : le fait d'accepter les autres comme ils sont, en respectant leurs différences.

tolérant·e : qui accepte les autres avec leurs différences.

64 Le racisme

Le racisme, qui consiste à faire des différences entre les personnes selon leur origine, est une forme de discrimination.

→ A Le racisme

1. Lis et raconte cette histoire.
2. Explique ce qu'est le racisme.
3. Donne des exemples d'attitudes racistes.
4. Quelles difficultés certaines personnes rencontrent-elles parfois à cause du racisme ?

Et moi ? M'arrive-t-il de ressentir du mépris pour quelqu'un du fait de son apparence, de son origine ou de sa manière de vivre ?

Il était une fois… des chameaux qui marchaient dans le désert, roulant dignement leurs deux bosses. Un des leurs s'approcha pour se joindre à eux. Mais au lieu de deux bosses, l'animal n'en possédait qu'une. C'était un dromadaire ! Comment se passa la rencontre ?
Le rejet. Devant le drôle d'animal à une seule bosse, le troupeau de chameaux partit d'un seul et énorme éclat de rire moqueur ! Triste et rouge de honte, le petit dromadaire repartit, solitaire, dans le désert…
Ou alors… accepter la différence. Les chameaux, curieux et intéressés par le dromadaire à une bosse, l'entourèrent amicalement : « Quel est ton nom ? Qui es-tu ? D'où viens-tu ? » Ils écoutaient les récits magnifiques du dromadaire sur son pays. Une chamelle en fut charmée et le dromadaire tomba amoureux. Ils furent heureux et eurent beaucoup d'enfants… à une et à deux bosses !
Ou alors… être tous différents. Les chameaux regardaient, étonnés et craintifs, cet animal à une bosse. Le petit dromadaire demanda au plus fanfaron d'entre eux de le suivre. Ils arrivèrent devant un troupeau de dromadaires qui avaient tous une seule bosse sur le dos… et le chameau, avec ses deux bosses, ne faisait plus le fier ! Eh oui, le monde est plein de « différents » !

Sylvie Girardet, Fernando Puig Rosado,
Silence la violence, Hatier, « Citoyens en herbe », 2004

→ B Les formes de racisme

5. Qu'est-ce que cette loi interdit ?
6. Quelle sanction prévoit-elle ?

Ceux qui, par des discours, cris ou menaces ou par des écrits auront provoqué à la discrimination, à la haine ou à la violence à l'égard d'une personne ou d'un groupe de personnes en raison de leur origine ou de leur appartenance ou de leur non-appartenance à une nation, une race ou une religion déterminée seront punis d'un emprisonnement d'un mois à un an et d'une amende.

Extraits de la loi du 1er juillet 1972

Le racisme DOC. A

Le racisme consiste à rejeter une personne du fait de son apparence physique, de son origine ou de ses croyances. La xénophobie consiste à rejeter les personnes qui ne sont pas du même pays que nous. Le racisme se fonde sur l'idée que les êtres humains n'auraient pas tous la même valeur : certains seraient meilleurs, plus importants ou supérieurs aux autres. De ce fait, ils auraient plus de droits, devraient dominer les autres et leur imposer leur manière de penser, de vivre, leurs croyances.

Les formes de racisme DOC. B

De nombreuses personnes sont victimes du racisme : elles ont des difficultés à trouver un travail parce que leur nom rappelle leur origine étrangère, elles se voient refuser un logement parce qu'elles sont immigrées, elles voient des regards hostiles dans le bus… Pourtant, les races humaines n'existent pas : tout le monde appartient à la même humanité. Et il n'y a pas plus de différence entre un Asiatique et un Européen qu'entre un blond et un brun.

C Agir contre le racisme

Affiche pour la journée de lutte contre le racisme

7 Décris cette affiche : les textes, l'image…

8 Que signifie le slogan ? Explique le jeu de mots.

9 Pourquoi est-il important de se mobiliser contre le racisme ?

Et moi ? Est-ce que je me sens prêt à combattre le racisme à l'école et en dehors ?

Agir contre le racisme DOC. C

Le racisme est contraire à l'égalité entre tous. Se montrer raciste, c'est prendre le risque de remettre en cause l'égalité, donc perdre un jour son droit d'être égal aux autres. La loi interdit le racisme : injurier une personne ou lui refuser un droit à cause de sa couleur de peau, sa nationalité ou sa religion peut être sévèrement puni. Chacun doit se mobiliser contre le racisme : refuser les mots ou les gestes intolérants des autres, et être vigilant à ses propres comportements.

VOCABULAIRE

immigré·e : qui vient d'un autre pays que celui dans lequel il est installé et vit.

le racisme : le rejet de certaines personnes du fait de leur apparence, de leur origine ou de leurs croyances.

la xénophobie : le rejet des étrangers.

65 Le sexisme

Le sexisme, qui consiste à faire des différences entre les personnes selon leur sexe, est une autre forme de discrimination.

A Le sexisme

Sur leur cabane, ces garçons ont écrit, en anglais, *boys only* : « réservé aux garçons ».

1. **Qui n'est pas autorisé à grimper dans cette cabane ?**
2. **Que penses-tu de cette situation ?**
3. **Dans ta classe, dans ton école, arrive-t-il que les filles ou les garçons soient rejetés ou moqués ?**

Et moi ? **Est-ce que mon comportement montre que, pour moi, les filles et les garçons sont égaux ?**

Le sexisme DOC. A

Le sexisme est la discrimination contre des personnes de l'autre sexe : les garçons envers les filles, les filles envers les garçons. Le plus souvent, il consiste à rejeter les filles et les femmes : à les traiter comme si elles étaient inférieures aux garçons et aux hommes, comme si elles avaient moins de droits. Il se manifeste par le mépris, par des gestes, des attitudes mais aussi par des idées, comme celle que certaines activités seraient réservées aux femmes.

Agir contre le sexisme DOC. B

En France, la loi affirme l'égalité des femmes et des hommes. Les femmes comme les hommes ont les mêmes droits : se marier et demander le divorce, choisir leurs études, leur métier, voter et se faire élire, prendre des décisions pour leurs enfants, acheter une maison et voyager, avoir des loisirs… La loi interdit de tenir des propos sexistes ou de refuser un droit à une personne parce qu'elle est une femme.

B Agir contre le sexisme

4 Quelle discrimination la loi interdit-elle ?

Et moi ? M'arrive-t-il de penser que les filles ont moins de droits que les garçons ?

Seront punis de 5 ans d'emprisonnement et de 45 000 euros d'amende ceux qui auront provoqué à la haine ou à la violence à l'égard d'une personne ou d'un groupe de personnes en raison de leur sexe [...].

Loi du 30 décembre 2004

C Encore des inégalités

Image du film *Blanche Neige et les 7 nains*

5 Que fait Blanche Neige ? Pour qui le fait-elle ? Le Prince Charmant peut-il lui aussi faire le ménage ? Pourquoi ?

6 Selon toi, certaines activités ou certains métiers sont-ils réservés aux femmes ? Justifie ta réponse.

7 Y a-t-il des activités ou des métiers que les femmes ne peuvent pas faire ? Pourquoi ?

8 À ton avis, dans le travail, qui est le plus souvent le chef : une femme ou un homme ? et à la maison ?

9 Quelles autres inégalités existent encore de nos jours entre les femmes et les hommes ?

Enseignement moral et civique

Encore des inégalités DOC. C

Pourtant, les inégalités demeurent. Les femmes sont moins payées que les hommes ; elles sont plus nombreuses au chômage. Elles sont moins nombreuses dans les postes de pouvoir : par exemple, l'Assemblée nationale compte seulement 229 députées contre 348 députés.

Et surtout, les attitudes et les comportements changent lentement. Trop d'hommes font encore des plaisanteries sur les femmes qui seraient « plus bavardes » ou moins intelligentes. Nombreux sont ceux qui pensent que les tâches ménagères sont des activités réservées aux femmes et qui n'y participent pas. Dans certaines familles, les maris frappent leur femme, des pères marient leur fille de force, des frères donnent des ordres à leurs sœurs.

VOCABULAIRE

le sexisme : le rejet des personnes de l'autre sexe.

66 Le handicap

Comme l'origine et le sexe, le handicap ne doit pas être source de discrimination.

A Vivre avec un handicap

Affiche de l'association Handicap international

Dans le monde, 750 millions de personnes, dont 150 millions d'enfants, ont un handicap.

1. Décris cette affiche : le dessin, les textes.
2. Quelle situation dénonce-t-elle ?
3. Trouve des raisons pour lesquelles les enfants handicapés sont moins scolarisés que les autres.

Vivre avec un handicap DOC. A

Vivre avec un handicap entraîne souvent des difficultés dans la vie quotidienne : il peut empêcher de se déplacer, de monter un escalier, de se préparer à manger, de s'habiller seul, de discuter avec les autres ou même d'apprendre. En outre, les personnes avec handicap sont souvent victimes de discriminations : on se moque d'elles, on ne les comprend pas, on les empêche d'aller à l'école, elles ne trouvent pas d'emplois… En France, la loi interdit les discriminations envers les personnes avec un handicap.

Les handicaps DOC. B

Il existe différentes sortes de handicaps :
- des handicaps physiques, comme être non voyant, malentendant, ne pas pouvoir bouger ses jambes ou des bras…
- des handicaps mentaux, qui peuvent empêcher de comprendre, de réfléchir, de parler, de savoir se comporter avec les autres.

Certaines personnes ont un handicap à la naissance. D'autres deviennent handicapées à la suite d'un accident ou d'une maladie.

→ B Les handicaps

4 Nomme quelques handicaps.

5 Lesquels sont des handicaps physiques ?

6 Lesquels sont des handicaps mentaux ?

7 D'où peuvent venir les handicaps ?

Et moi ? M'arrive-t-il de regarder avec insistance une personne handicapée ?

→ C Aménager la vie quotidienne

8 Explique le message sur ce panneau.

9 Pourquoi crée-t-on des places de parking réservées aux personnes avec un handicap ?

10 Que peut-on faire pour faciliter la vie des personnes handicapées ?

Et moi ? M'arrive-t-il de ne pas faire attention aux personnes handicapées à l'école, dans la rue, dans les transports en commun... ?

Enseignement moral et civique

Aménager la vie quotidienne DOC. C

En France, des efforts sont faits pour intégrer les personnes handicapées : on aménage les espaces publics pour aider les aveugles à trouver leur chemin, les personnes en fauteuil roulant à accéder aux magasins, aux cinémas... Une loi de 2005 impose aux écoles de s'adapter pour accueillir des enfants handicapés : construire un ascenseur pour un enfant en fauteuil roulant, accueillir un interprète en langue des signes pour un enfant sourd, fournir des manuels en braille pour les élèves non voyants... Car les enfants avec un handicap, comme les autres, doivent aller à l'école pour préparer leur avenir.

VOCABULAIRE

un handicap : une limitation du corps ou de l'esprit qui gêne ou empêche de faire certaines activités (voir, entendre, parler, se déplacer, apprendre...).

intégrer : permettre à quelqu'un de faire partie du groupe.

mental (mentaux) : qui concerne l'esprit, les capacités du cerveau.

scolarisé·e : qui va à l'école.

67 Le harcèlement

Parfois, la discrimination se manifeste sous la forme d'un harcèlement.

A Le harcèlement

1. Décris cette affiche : les textes et l'image.
2. Regarde les mains des élèves et dis comment le harcèlement peut se manifester.
3. Regarde les mots écrits au tableau et dis quels sentiments et quelles émotions le harcèlement peut provoquer.
4. Y a-t-il des cas de harcèlement dans la classe ? dans l'école ?

Et moi ? Est-ce qu'il m'arrive de harceler quelqu'un d'autre ?

Le harcèlement DOC. A

Le harcèlement est une violence exercée de manière répétée par une ou plusieurs personnes contre une autre, le plus souvent à cause d'une différence : son apparence, une difficulté qu'elle a… Il se manifeste par des agressions physiques (coups, bousculades, dégradation du matériel…) ou morales (moqueries, insultes, menaces, chantage…), contre lesquelles la victime n'arrive pas à se défendre.

Les acteurs dans le harcèlement DOC. B

Il y a trois acteurs dans un cas de harcèlement :
- celui ou ceux qui harcèlent, et qui agissent ainsi pour se sentir plus forts ;
- la victime, qui se trouve isolée et se sent impuissante ;
- les témoins, qui ne font rien parce que le harcèlement les amuse ou souvent parce qu'ils ont peur de devenir victimes du harcèlement.

B Les acteurs dans le harcèlement

Site Internet Agir contre le le harcèlement à l'école

5 Quels sont les acteurs ou groupes d'acteurs dans un cas de harcèlement ?

6 Quel est le rôle de chacun ?

Et moi ? Est-ce qu'il m'arrive de voir quelqu'un se faire harceler ?

C Agir contre le harcèlement

Site Internet

7 À ton avis, à qui le harcèlement fait-il du mal ?

8 Qui peut agir pour l'arrêter ?

9 Que propose ce site Internet ?

10 Que peux-tu faire d'autre ?

Et moi ? Qu'est-ce que je fais quand quelqu'un se fait harceler ? M'arrive-t-il de ne rien faire ?

Agir contre le harcèlement DOC. C

Le harcèlement n'est bon pour personne. Il fait du mal à la victime et la met en danger car elle risque d'être blessée ou de se faire du mal en voulant échapper à ceux qui la harcèlent. Il donne aux témoins le sentiment d'être coupables de ne rien faire. Il empêche ceux qui harcèlent de comprendre quelle souffrance personnelle les pousse à se comporter ainsi. Il crée une atmosphère de peur et abîme l'ambiance dans la classe, dans l'école ou dans le groupe. Pour arrêter un cas de harcèlement, il faut avoir le courage d'en parler à un adulte : ses parents, un professeur, une personne en qui l'on a confiance, ou encore les policiers et les gendarmes…

VOCABULAIRE

le harcèlement : une violence exercée contre une ou plusieurs personnes de manière répétée.

68 La violence

Le harcèlement est une forme de violence : il en existe bien d'autres.

A La violence à l'école

1 Donne un exemple pour illustrer chacune des violences évoquées sur cette affiche.

2 Quelles sont les conséquences de la violence ?

3 Pourquoi la violence est-elle interdite ?

B Agir contre la violence

Lis la proposition de loi faite par les élèves d'une école de Kourou dans le département de la Guyane.

Chahut dans les classes, insultes dans les couloirs, les grands embêtent les petits dans la cour de récréation. [...] Nous avons décidé de dire non à la violence dans nos écoles [...]. Non, la violence ne sert à rien. Il faut donc lutter pour qu'elle diminue d'abord et disparaisse un jour.

Article 1. À l'école primaire, chaque classe de CM1 et CM2 élira un médiateur. Le vote se déroulera à bulletins secrets [...].

Article 2. Le rôle du médiateur sera d'être à l'écoute de ses camarades, de discuter avec eux, de tenter de résoudre leurs conflits en évitant la violence physique et verbale.

Article 3. Une journée « non à la violence » sera organisée en début de chaque année scolaire pour sensibiliser les enfants aux problèmes liés à la violence avec la rédaction par les élèves d'un règlement intérieur.

Proposition de loi n° 9, Parlement des enfants, avril 2003, www.parlementdesenfants.fr

4 Qui sont les auteurs de ce texte ? Quel constat font-ils ? Que proposent-ils ?

5 Que penses-tu de cette proposition ?

6 À l'école, que peut-on faire pour limiter la violence ?

La violence à l'école DOC. A

Dans la classe, dans la cour, il arrive que nous soyons confrontés à la violence : la violence physique (bagarres, coups…), la violence verbale (moqueries, insultes, menaces, méchancetés), le racket, l'humiliation, le harcèlement et le vol. Or l'école doit garantir notre sécurité. C'est pour cela que toute violence est interdite : envers les autres élèves et envers les adultes.

Agir contre la violence DOC. B

C'est notre devoir d'empêcher la violence à l'école. Pour cela, chacun respecte les autres et se montre tolérant. Quand une tension surgit, on évite l'engrenage : on s'explique calmement, on cherche à comprendre ce que l'autre ressent, on évite les injures, les mots blessants. Si l'on n'arrive pas à résoudre le problème, on demande l'aide d'un médiateur ou d'un adulte.

C

L'engrenage de la violence

R. Goscinny et A. Uderzo, *Le Domaine des dieux*, 1971

7 Raconte ce qui arrive à Astérix.

8 Quelles émotions ou quels sentiments ressent-il ?

9 A-t-il raison de s'énerver ainsi ? Justifie ta réponse.

10 En quoi peut-on dire ici qu'il y a un « engrenage » de la violence ?

11 Raconte un moment de la vie de l'école où cet engrenage s'est mis ou a failli se mettre en place.

Et moi ? Quand quelqu'un m'agresse, est-ce que je laisse ma colère déborder ou est-ce que j'essaye de ramener le calme ?

L'engrenage de la violence DOC. C

La violence commence généralement quand, dans un conflit, nous avons l'impression de ne pas être respectés. Si nous réagissons en laissant déborder notre colère, le conflit dégénère : c'est l'engrenage. Or la violence ne résout jamais les problèmes : elle accroît les tensions (colère, haine, désir de vengeance…) et conduit à davantage de manque de respect entre les personnes.

VOCABULAIRE

un engrenage : une situation qui en entraîne une autre puis une autre.

un médiateur, une médiatrice : un ou une arbitre, une personne qui est là pour trouver une solution aux désaccords.

le racket : le fait d'obtenir quelque chose par la menace.

69 Le secours à autrui

À l'école puis au collège, tu apprends à faire attention aux autres et à porter secours en cas de besoin.

→ A Différents types d'accidents

1. De quels accidents tes camarades et toi pouvez-vous être victimes ? Aide-toi de ces dessins pour trouver des idées.
2. Où ces accidents peuvent-ils avoir lieu ?
3. Donne quelques conséquences et indique si elles sont graves ou pas.

Et moi ? Comment est-ce que je réagis quand je suis victime d'un accident ? quand je suis témoin d'un accident ?

Différents types d'accidents DOC. A

On peut être victime ou témoin de toutes sortes d'accidents : un incendie, une chute, un accident de la route, un étouffement, un accident électrique, un empoisonnement, une noyade… Cela peut avoir lieu sur la route, dans la campagne, à l'école, à la maison… Les conséquences sont variées : une blessure qui saigne ou pas, un traumatisme, une brûlure, une personne qui vomit, une personne qui est inconsciente, qui respire ou pas. Nous apprenons à identifier les accidents et à évaluer la situation des personnes concernées.

Savoir réagir DOC. B

Les deux premières attitudes en cas d'accident sont de rester calme (de façon à bien réagir) et de se protéger (pour ne pas créer un nouvel accident). On évalue la gravité de la situation. S'il s'agit d'une petite blessure, on peut la désinfecter. Si l'accident est un peu plus grave, on laisse le blessé immobile et on ne lui donne pas de médicaments. On peut appuyer sur une plaie qui saigne pour arrêter le saignement mais surtout on appelle un adulte. Dans tous les cas, l'un d'entre nous reste tout le temps avec la victime et la rassure si elle est consciente.

→ B Savoir réagir

4 À ton avis, que s'est-il passé ? Émets des hypothèses.

5 Évalue la situation : est-ce grave ou pas ? Justifie ta réponse.

6 Que faut-il faire ?

7 Pourquoi, en cas d'accident, est-il important de rester calme ?

8 Peux-tu sans danger donner des médicaments à un camarade ?

→ C Appeler les secours

9 Quelle est la situation ?

10 Quel numéro faut-il appeler pour demander de l'aide ?

11 Que faut-il dire pour que les secours puissent intervenir ?

12 Quand peut-on raccrocher ?

Et moi ? Est-ce que je connais par cœur le numéro des secours?

112 SOS

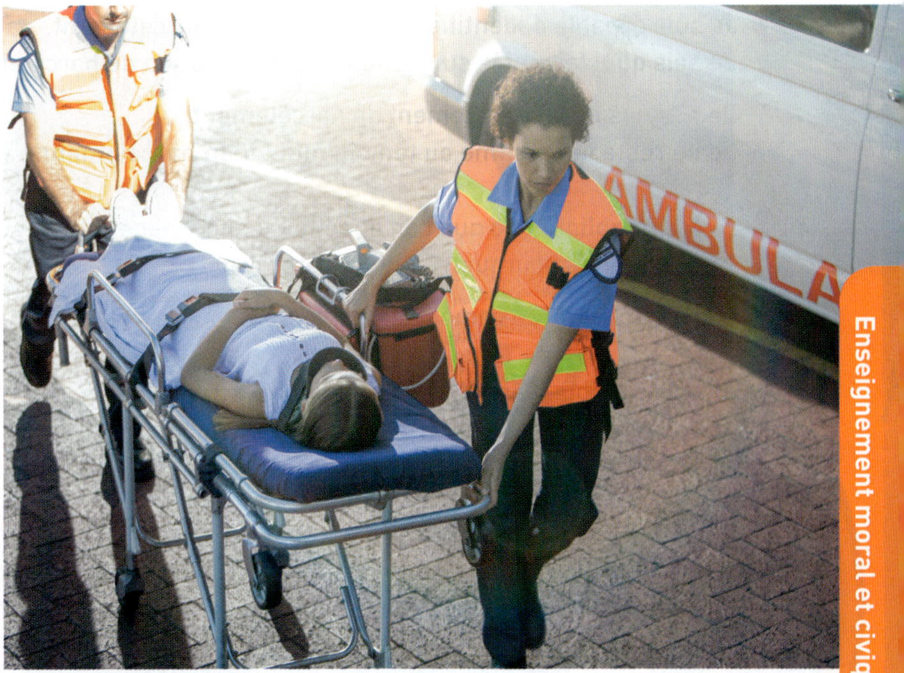

Appeler les secours DOC. C

Si aucun adulte n'est présent et si cela semble grave, on téléphone aux secours. Pour cela, on compose le 112 et on indique aux secours :

- son identité (son nom, son âge) ;
- l'endroit précis où le blessé se trouve, avec toutes les indications pour que les secours le trouvent facilement (code d'entrée, numéro de la porte…) ;
- ce que l'on sait du blessé (son âge), son état et ce qui s'est passé.

On laisse les secours raccrocher en premier et on reste avec le blessé. À l'arrivée des secours, on s'écarte pour les laisser faire leur travail, mais on reste disponible. Si le blessé est transporté ailleurs, on veille à ses affaires (par exemple, on ramasse le cartable d'un camarade blessé).

VOCABULAIRE

inconscient·e : qui ne réagit plus, qui ne répond plus.

un témoin : une personne qui voit ou qui entend quelque chose et peut le raconter.

un traumatisme : une blessure pas forcément visible (par exemple, une fracture).

une victime : une personne blessée ou insultée.

71 LES VALEURS DE LA RÉPUBLIQUE : LA LIBERTÉ

Premier mot de la devise républicaine, la liberté est l'une des valeurs fondamentales de notre pays.

→ A La liberté

Frédéric-Auguste Bartholdi, *La Liberté éclairant le monde*, 1886

1. Décris cette statue : cette femme, son vêtement, sa couronne, ce qu'elle tient, son attitude...
2. Explique le titre de cette œuvre.
3. ? Cette statue a été offerte par la France à un autre pays : lequel ?
4. Pour toi, qu'est-ce que la liberté ?
5. Quelles libertés as-tu ? Quelles libertés n'as-tu pas ? Pourquoi ?

Et moi ? Est-ce que j'ai conscience de toutes les libertés dont je peux profiter ?

La liberté DOC. A

La liberté ne consiste pas à faire tout ce que l'on veut, quand on le veut, avec qui l'on veut et comme on le veut, car la liberté totale n'existe pas. Par exemple, certaines choses sont impossibles, comme voler dans le ciel, décider du temps qu'il fera, devenir adulte en une seule nuit… Mais en France, chaque citoyen est libre de vivre où il veut, de se marier ou pas, de choisir son métier, d'avoir ou pas des enfants ; il est libre de penser, d'avoir une religion ou pas, de parler, d'écrire, de voter…

La liberté des autres DOC. B

Notre liberté a des limites car nous ne vivons pas seuls. Nous sommes libres, mais les autres le sont également. Notre liberté a donc pour limite la liberté des autres, que nous devons respecter. Par exemple, personne ne peut pique-niquer au milieu de la route, car cela nuit à la liberté des automobilistes de circuler. Personne n'est libre de faire du bruit la nuit, car cela empêche les voisins d'exercer leur liberté de dormir. Bref, la liberté des uns s'arrête là où commence celle des autres.

B La liberté des autres

6 Dis ce que tu vois sur cette photographie.

7 Que penserais-tu si c'était toi qui avais construit ce château de sable ?

8 Explique la phrase : « La liberté des uns s'arrête là où commence celle des autres. »

9 Trouve des libertés qui sont limitées pour respecter la liberté des autres.

Et moi ? Est-ce que parfois j'exerce ma liberté même si cela gêne les autres ?

C Le choix, la responsabilité

Un matin, comme M. Seguin achevait de la traire, la chèvre se retourna et lui dit dans son patois :

– Laissez-moi aller dans la montagne.

– Mais, malheureuse, tu ne sais pas qu'il y a le loup dans la montagne… Eh bien, non… je te sauverai malgré toi, coquine, et, de peur que tu ne rompes ta corde, je vais t'enfermer dans l'étable, et tu y resteras toujours.

Là-dessus, M. Seguin emporta la chèvre dans une étable, dont il ferma la porte à double tour. Malheureusement, il avait oublié la fenêtre, et à peine eut-il le dos tourné que la petite s'en alla…

Tu penses si notre chèvre était heureuse ! Plus de corde, plus de pieu… rien qui l'empêchait de gambader, de brouter à sa guise… C'est qu'il y en avait de l'herbe ! Jusque par-dessus les cornes, mon cher !.. Et quelle herbe ! Savoureuse, fine, dentelée, faite de mille plantes… C'était bien autre chose que le gazon du clos. La chèvre blanche, à moitié ivre, se vautrait là-dedans les jambes en l'air et roulait le long des talus, pêle-mêle avec les feuilles tombées et les châtaignes… Puis, tout à coup, elle se redressait d'un bond sur ses pattes. Hop ! la voilà partie, la tête en avant, à travers les maquis et les buissières, tantôt sur un pic, tantôt au fond d'un ravin, là-haut, en bas, partout… Elle franchissait d'un saut de grands torrents qui l'éclaboussaient au passage de poussière humide et d'écume. Alors, toute ruisselante, elle allait s'étendre sur quelque roche plate et se faisait sécher par le soleil…

Tout à coup, la chèvre entendit derrière elle un bruit de feuilles. Elle se retourna et vit dans l'ombre deux oreilles courtes, toutes droites, avec deux yeux qui reluisaient…

C'était le loup…

D'après Alphonse Daudet, *Lettres de mon moulin*, 1866

10 Raconte cette histoire. À ton avis, qu'arrive-t-il à la chèvre ? Quelle est la morale ?

11 À ton avis, pourquoi les enfants n'ont-ils pas la liberté de faire tout ce qu'ils veulent ?

Le choix, la responsabilité DOC. C

La liberté implique la responsabilité : quand on fait un choix, on est responsable des conséquences. Par exemple, chacun a la liberté d'avoir un animal de compagnie, mais il a l'obligation de s'en occuper. Personne n'oblige les adultes à se lever le matin pour aller travailler, mais s'ils ne le font pas, ils ne gagnent pas de quoi vivre. Personne ne les oblige à manger des légumes, mais s'ils ne mangent que des gâteaux, ils finissent par tomber malades… Les adultes l'ont bien compris et se montrent responsables. Ils sont chargés d'apprendre aux enfants à bien utiliser leur liberté en en comprenant les conséquences et en assumant les responsabilités qui en découlent.

VOCABULAIRE

une devise : quelques mots ou une phrase qui expriment une pensée, un idéal de vie.

72 73 Les valeurs de la République : la fraternité et la solidarité

Troisième mot de la devise républicaine, la fraternité est l'une des valeurs fondamentales de notre pays.

→ A La fraternité

Estampe du XVIIIe siècle

1. Décris ce document : comment la fraternité est-elle représentée ?
2. Pour toi, qu'est-ce que la fraternité ?
3. Cherche des mots de la même famille que fraternité.
4. À quelles occasions peut-on se montrer fraternel dans la classe ?
5. Quel est le contraire de la fraternité ?

Et moi ? Quelle est mon attitude envers les autres élèves de la classe ?

La fraternité DOC. A

La fraternité est le lien qui unit les frères et sœurs. Dans la devise de la République (Liberté Égalité Fraternité), elle appelle les Français et les Françaises à se comporter les uns envers les autres comme les membres d'une même famille : en se respectant, en s'entraidant, en partageant avec les autres leurs capacités, leurs talents, leur savoir… Par exemple, les adultes aident les enfants, les grands aident les petits dans la cour de récréation, les élèves qui réussissent aident ceux pour qui l'exercice est plus difficile…

La solidarité DOC. B

La fraternité est le contraire de l'individualisme, qui consiste à ne penser qu'à soi. Elle se traduit par la solidarité.

Être solidaire, c'est considérer qu'on appartient à un groupe et que ce qui arrive à l'un des membres du groupe concerne les autres. C'est le contraire de l'indifférence : c'est chercher à aider celui qui en a besoin. Nous sommes solidaires de notre famille, avec laquelle nous partageons les joies et les peines. Nous sommes également solidaires de nos amis.

B La solidarité

Jean Roba, *Boule & Bill*, 2006

6 Décris cette scène.

7 Quels personnages se montrent **solidaires** ? envers qui ?

8 Comment, en dehors de la classe, pouvons-nous nous montrer solidaires les uns envers les autres ?

Et moi ? Qu'est-ce que je fais pour me montrer solidaire des autres ?

Cette fois encore, d'Artagnan avait couru, l'épée à la main, toutes les rues environnantes, mais il n'avait rien trouvé qui ressemblât à celui qu'il cherchait. Pendant ce temps, Aramis avait rejoint ses deux compagnons, de sorte qu'en revenant chez lui d'Artagnan trouva la réunion au grand complet.

– Et maintenant, Messieurs, dit d'Artagnan sans se donner la peine d'expliquer sa conduite à Porthos, tous pour un, un pour tous, c'est notre devise, n'est-ce pas ?

– Cependant... dit Porthos.

– Étends la main et jure ! s'écrièrent à la fois Athos et Aramis.

Vaincu par l'exemple, maugréant tout bas, Porthos étendit la main, et les quatre amis répétèrent d'une seule voix la formule dictée par d'Artagnan :

– Tous pour un, un pour tous.

Alexandre Dumas, *Les trois mousquetaires*, 1844

9 Raconte ce qui se passe dans cette histoire.

10 Explique la devise des quatre amis.

11 Et dans la classe, quelles sont les occasions de **solidarité** entre les élèves ?

Et moi ? Est-ce que je me montre suffisamment solidaire envers mes camarades en classe ? dans la cour de récréation ?

En notre nom à tous, l'État secourt ceux qui en ont besoin : malades, handicapés, personnes âgées, personnes sans emploi... Des personnes vont au-delà : elles donnent de l'argent ou de leur temps pour aider les personnes en difficulté ; elles collectent de l'argent pour aider la recherche sur certaines maladies graves...

VOCABULAIRE

la fraternité : le lien de solidarité et d'amitié existant entre les êtres humains.

l'individualisme : l'attitude qui consiste à se préoccuper surtout de soi-même et peu des autres.

solidaire : qui se sent lié à d'autres personnes.

la solidarité : la relation entre des personnes qui les pousse à s'aider mutuellement.

74 La solidarité nationale

La fraternité et la solidarité entre les personnes vivant en France passe par la protection sociale officielle et par l'action de nombreuses associations.

A La protection sociale

La Nation [...] garantit à tous, notamment à l'enfant, à la mère et aux vieux travailleurs, la protection de la santé, la sécurité matérielle, le repos et les loisirs. Tout être humain qui, en raison de son âge, de son état physique ou mental, de la situation économique, se trouve dans l'incapacité de travailler a le droit d'obtenir de la collectivité des moyens convenables d'existence.

Extraits du préambule de la constitution française de 1946

1. Lis le texte. Quelles garanties apporte-t-il aux personnes vivant en France ?
2. Qui est particulièrement protégé? Pourquoi ?
3. Observe le dessin. Qui paye des cotisations sociales? Tous payent-ils les mêmes cotisations ?
4. Qui profite des prestations ?
5. À ton avis, celui qui paye des cotisations est-il remboursé par les prestations qu'il reçoit ?

Et moi ? Est-ce que je sais dans quels cas je bénéficie de la protection sociale ?

La protection sociale DOC. A

La solidarité est une valeur de la société française. La protection sociale organise la solidarité entre les personnes, de façon que nul ne se trouve totalement dans la misère: même s'il est malade, au chômage, s'il gagne peu d'argent ou s'il est à la retraite.

Pour cela, chacun paye des cotisations à un « pot commun ». Ces cotisations varient selon ce que l'on gagne: celui qui gagne beaucoup d'argent cotise beaucoup, et celui qui gagne peu cotise peu.

Les cotisations sont ensuite versées à ceux qui en ont besoin par la Sécurité sociale (pour les malades), Pôle emploi (pour les personnes au chômage), les caisses de retraite, la Caisse d'allocations familiales (pour les familles et pour le logement)…

Celui qui cotise ne profitera peut-être jamais du « pot commun » (s'il n'est jamais malade ou s'il meurt avant l'âge de la retraite, par exemple). Il en profitera peut-être beaucoup plus qu'il n'a cotisé (s'il a un grave accident et doit bénéficier de soins coûteux pendant des années).

→ B La solidarité bénévole

Affiche du Secours populaire

6 Que propose cette affiche ?

7 En quoi cette action contribue-t-elle à la solidarité en France?

8 Connais-tu d'autres associations qui agissent pour la solidarité en France ? Que font-elles ?

9 Comment peut-on venir en aide à ces associations ?

Et moi ? Est-ce que je fais quelque chose pour la solidarité nationale ?

La solidarité bénévole DOC. B

En France, 10 millions de personnes vivent en dessous du seuil de pauvreté. De nombreuses associations leur viennent en aide. Par exemple, les Restos du cœur distribuent des repas. La Fondation Abbé Pierre aide à trouver des logements. Médecins sans frontières proposent des soins médicaux gratuits. Le Téléthon collecte de l'argent pour permettre la recherche sur certaines maladies. L'opération « pièces jaunes » permet d'améliorer la vie des enfants malades dans les hôpitaux.

VOCABULAIRE

une association : un groupe de personnes qui agissent ensemble de manière bénévole (sans être payées) dans un but commun.

une cotisation : l'argent que l'on verse pour une dépense commune.

les prestations sociales : l'argent que l'on reçoit à titre d'aide.

la protection sociale : la protection organisée pour les malades, les personnes âgées, les chômeurs…

le seuil de pauvreté : le niveau d'argent en dessous duquel on ne vit pas correctement.

75 La solidarité internationale

La solidarité ne concerne pas seulement la population française : nous sommes concernés par ce qui se passe partout dans le monde.

→ A

Des populations en souffrance

Dans un camp de réfugiés en Inde (Asie)

1. Dis ce que tu vois sur cette photographie.
2. Imagine les difficultés dans la vie de cette petite fille.
3. Pour quelle raison doit-elle transporter ainsi de l'eau ?
4. Quelles raisons peuvent expliquer qu'elle vit ainsi ?

Après un séisme à Haïti (Amérique)

5. Décris cette scène.
6. Que s'est-il passé ?
7. Quelles sont les conséquences pour les habitants ?
8. Connais-tu d'autres régions du monde où la population se trouve en difficulté ?
9. À quoi ces difficultés sont-elles dues ?

Des populations en souffrance DOC. A

Des centaines de millions de personnes dans le monde sont victimes de catastrophes naturelles (séismes, cyclones, inondations, sécheresses…) ou des guerres, ou encore gagnent très peu d'argent et vivent dans la misère. Elles n'ont pas de logement ou souffrent de famine. Elles n'ont pas accès à l'eau potable ou vivent dans des conditions insalubres ou encore souffrent de maladie. Leurs enfants ne vont pas à l'école et sont obligés de travailler pour aider la famille à trouver de quoi vivre.

Tous concernés DOC. B

La solidarité existe au sein d'une famille, d'un groupe d'amis, d'une classe. Elle unit aussi les habitants d'un pays : quand une catastrophe arrive dans une région, le reste du pays est ému. Mais la solidarité unit également toute l'humanité : chaque être humain est concerné par ce qui arrive aux autres, même dans les régions les plus lointaines, car nous avons de l'empathie les uns pour les autres.

→ B Tous concernés

Médecin sénégalais à l'Institut cardiaque du Vietnam (Asie)

10 Décris cette scène.

11 Sur quel continent cette photographie a-t-elle été prise ?

12 Que fait cet homme pour venir en aide aux populations qui en ont besoin ?

13 Connais-tu d'autres actions menées dans le monde pour venir en aide aux populations dans le besoin ?

Et moi ? Est-ce que je me sens concerné par ce qui se passe dans le monde ?

→ C Tous engagés

Collecte pour les victimes d'un séisme à Amatrice en Italie (Europe)

14 Que collectent ces personnes ? À quoi cela va-t-il servir ?

15 Qui peut donner à cette collecte ?

16 Quelles autres choses peut-on donner par solidarité avec les populations en difficulté ?

Et moi ? Qu'est-ce que je peux faire pour montrer ma solidarité avec les autres ?

Tous engagés DOC. C

Il ne suffit pas d'être ému par ce qui arrive aux autres : ils ont besoin de notre solidarité. Des organisations internationales comme l'Unicef, créées par les États, et des ONG, comme Médecins du monde, portent secours, parfois en urgence : c'est ce que l'on appelle l'aide humanitaire. Elles distribuent des vivres, envoient des médecins, construisent des écoles… Pour cela, elles ont besoin de notre participation : un peu d'argent ou un peu de notre temps.

VOCABULAIRE

l'aide humanitaire : l'aide apportée aux personnes qui souffrent de catastrophes naturelles, de guerres, de famines…

l'empathie : la capacité à comprendre les sentiments des autres.

une famine : l'absence totale de nourriture.

insalubre : qui est mauvais pour la santé.

une ONG : une organisation non gouvernementale qui fait de l'aide humanitaire.

la misère : la grande pauvreté.

réfugié·e : qui a fui dans une autre région.

76 LES INSTITUTIONS FRANÇAISES (1)

L'organisation du pouvoir en France est fondée sur les valeurs de la République.

A Les grands principes

Le Grand sceau de la République française

Observe le recto de ce sceau (en haut).

1. Explique les mots écrits.
2. Explique avec tes propres mots ce qu'est une démocratie.
3. Explique avec tes propres mots ce qu'est une république.
4. Que signifie « une et indivisible » ?
5. Le sigle SU signifie suffrage universel : explique ce que c'est.
6. La France est une démocratie représentative : explique ce que cela signifie.
7. Décris le personnage. Qui est-ce ?
8. Regarde la statue de la Liberté p. 164 et trouve des points communs avec elle.
9. Trouve quel animal représenté sur ce sceau sert parfois de symbole pour figurer la France.

Observe le verso de ce sceau (en bas).

10. Retrouve les trois mots de la devise de la France.
11. D'après le texte au centre, qui, en France, a le pouvoir ?
12. Situe les feuilles de chêne, qui symbolisent la justice.
13. Situe les feuilles de laurier qui symbolisent la victoire.

Les grands principes DOC. A

La France est une république : il n'y a ni reine ni roi. C'est une république laïque : le pouvoir et les religions sont séparés. La France est aussi une démocratie : le pouvoir appartient aux citoyennes et aux citoyens, qui décident de la manière dont ils veulent vivre ensemble. C'est une démocratie représentative : comme ils sont trop nombreux, les Français et les Françaises élisent des représentantes et des représentants à qui ils confient, pour un temps, la mission d'organiser la vie commune. Certains représentants sont élus directement par les citoyennes et les citoyens : c'est le cas des conseillers municipaux (qui organisent la vie dans la commune), des conseillers régionaux, des députés (qui votent les lois) et du président de la République. D'autres sont élus indirectement, par d'autres représentants : c'est le cas des sénateurs et des sénatrices, élus par les conseillers municipaux et les conseillers régionaux. Les ministres sont désignés par le président de la République et les juges doivent passer un concours pour devenir juges.

B La loi

14 Lis cette histoire puis raconte-la avec tes propres mots.

15 À quoi les lois servent-elles ?

16 Toutes les lois sont-elles là pour interdire ?

17 Pourquoi écrit-on les lois et ne se contente-t-on pas de se mettre d'accord oralement ?

? 18 Fais des recherches et explique pourquoi on appelle la Constitution la « loi fondamentale ».

Et moi ? Est-ce qu'il m'arrive de ne pas respecter une règle dans la vie quotidienne ?

Un jour, le roi des chiens prit une décision :

– Chers sujets, je propose qu'à l'égal des hommes, nous nous donnions une loi. Désormais, il est interdit aux chiens de voler. Soyons d'honnêtes chiens et proclamons la loi !

Sur le coup, tous s'enthousiasment :

– Vive le roi ! Vive la loi !

À quelques jours de là, l'un d'eux, le ventre creux, cherche sa pitance sur le chemin du village. Contre la première maison, il voit des calebasses, et dans l'une d'elles, un quartier de zébu. C'est tentant quand la faim vous tenaille. Le chien oublie la loi. Il se rue sur la viande. Une femme pousse des cris à l'entrée de la case :

– Au voleur ! Au voleur !

Les lieutenants du roi attrapent le fautif. La nouvelle se répand. Très vite, la meute se rassemble. Sous le baobab, le voleur va être jugé. D'abord, on écoute ses explications embarrassées. Puis le roi, dans un grand silence, prend le temps de la réflexion.

Enfin, le jugement tombe.

– Ce chien avait faim, déclare-t-il. Pour une fois, je lui pardonne.

Mais sous le baobab, la meute s'agite. Le tumulte enfle :

– Mauvais chef ! Ce chien-là a volé !

– Tu ne fais pas respecter la loi que tu as établie, proteste un grand chien jaune.

Tous les chiens se souviennent avec rage des vols qu'ils n'ont pas commis depuis la loi. Ils avaient trop peur d'être pendus ! Le plus ancien impose à grand-peine le silence. Il prend la parole :

– N'essayons plus de devenir des hommes. Inutile de nommer des rois, de faire des lois et de nous en moquer. Nous sommes des chiens : soyons voleurs à notre aise, sans chercher à imiter l'homme.

Les chiens n'ont plus de gouvernement. Ils n'ont plus à mentir puisqu'ils n'ont plus de lois. Mais, depuis, ils ont perdu le langage. La voilà la différence entre les hommes et les chiens : la loi.

D'après Françoise Kérisel, *Le Glaive de Salomon, Histoires de justice aux quatre coins du Monde*, Jeunesse l'Harmattan, 1997 © Éditions l'Harmattan

Enseignement moral et civique

La loi DOC. B

Dans un pays, il faut organiser la vie en commun et fixer des règles : pour assurer les droits de chacun et la sécurité de tous, pour éviter la loi du plus fort… Les lois sont votées par des représentants des citoyennes et des citoyens : les députés et les sénateurs. La loi fondamentale (la plus importante) s'appelle la Constitution : elle énonce les principes de la République française et explique comment le pouvoir est organisé. Aucune loi ne peut dire le contraire de la Constitution.

VOCABULAIRE

une Constitution : la loi fondamentale qui organise la vie en commun dans un pays.

la démocratie : l'organisation d'un pays dans lequel le pouvoir appartient aux citoyennes et aux citoyens.

les institutions : les groupes de personnes qui ont le pouvoir dans un pays.

la loi : l'ensemble des règles qui organisent la vie d'un pays.

une république : l'organisation d'un pays dans lequel le pouvoir appartient au peuple et n'est pas héréditaire.

77 Les institutions françaises (2)

Le pouvoir appartient au peuple, qui choisit des représentantes et des représentants, entre lesquels le pouvoir est partagé, de façon que personne n'exerce trop d'autorité.

A Le pouvoir législatif

Le premier pouvoir est le pouvoir législatif : c'est le pouvoir de décider des lois. En France, il est confié aux députés, qui se réunissent à l'Assemblée nationale, et aux sénateurs, qui se réunissent au Sénat.

Députés à l'Assemblée nationale

1. Décris l'Assemblée nationale.
2. Imagine pour quelle raison les députées et les députés sont debout.
3. Que sais-tu des députés : que font-ils toute la journée ?
4. ? Fais des recherches et trouve comment les députés sont répartis à l'Assemblée nationale : lesquels sont installés à gauche et lesquels sont installés à droite ?
5. Les députés sont élus pour cinq ans : pourquoi pas pour toujours ?

Vote au Sénat

6. Pourquoi les sénateurs et les sénatrices votent-ils ?
7. Et dans la classe, comment prend-on les décisions ?

B Le pouvoir exécutif

Le palais de l'Élysée, présidence de la République

Quand la loi est votée, il faut la faire appliquer : cela demande de l'organisation et des décisions concrètes. Par exemple, si les députés et les sénateurs votent une loi qui interdit que les élèves portent un cartable de plus de 3 kg, il faut transmettre l'information à toutes les écoles de France, il faut décider comment on va contrôler le cartable des élèves (par exemple en mettant une balance à l'entrée de l'école) et dire qui doit payer pour cette balance (par exemple, les communes).
En France, le pouvoir exécutif est confié au président de la République et au gouvernement, c'est-à-dire l'ensemble des ministres.

8 Décris ce que tu vois de l'Élysée.

9 Qui travaille là ?

10 Qui est, actuellement, président de la République française ?

11 Par qui le président de la République est-il élu ?

12 Pour combien de temps ?

13 Nomme un ou deux ministres.

14 Sais-tu de quel ministère ils s'occupent ?

15 Par qui les ministres sont-ils nommés ?

16 Pour combien de temps ?

C Le pouvoir judiciaire

Juge du tribunal de Seine-Saint-Denis

Le troisième pouvoir est le pouvoir judiciaire. Il consiste à sanctionner ceux qui ne respectent pas les lois. En France, ce pouvoir appartient aux juges.

17 Pourquoi, dans un tribunal, le juge porte-t-il une robe ?

18 Comment le juge décide-t-il si quelqu'un est coupable ou pas ?

19 Est-il libre de prendre les sanctions qu'il veut ?

?20 Fais des recherches et trouve à quoi sert un avocat.

79 Les valeurs de l'Union européenne

La France est l'un des 27 pays membres de l'Union européenne, avec laquelle elle partage des valeurs fondamentales.

→ A La paix

1. Qui est l'auteur de ce texte ?
2. ? Fais des recherches pour savoir qui il est.
3. Que prévoit-il dans le domaine de la paix ? Quelle comparaison fait-il ?
4. Que prévoit-il pour l'alliance entre les pays d'Europe ? Quelle comparaison fait-il ?
5. Ce texte a été écrit plus de 100 ans avant le début de l'Union européenne : ce que disait Victor Hugo s'est-il réalisé ?

Un jour viendra où les armes vous tomberont des mains, à vous aussi ! Un jour viendra où la guerre paraîtra aussi absurde et sera aussi impossible entre Paris et Londres, entre Petersbourg et Berlin, entre Vienne et Turin, qu'elle serait impossible et qu'elle paraîtrait absurde aujourd'hui entre Rouen et Amiens, entre Boston et Philadelphie. Un jour viendra où vous France, vous Russie, vous Italie, vous Angleterre, vous Allemagne, vous toutes, nations du continent, sans perdre vos qualités distinctes, vous vous fondrez étroitement dans une unité supérieure, et vous constituerez la fraternité européenne, absolument comme la Normandie, la Bretagne, la Bourgogne, la Lorraine, l'Alsace, toutes nos provinces, se sont fondues dans la France. Un jour viendra où il n'y aura plus d'autres champs de bataille que les marchés s'ouvrant au commerce et les esprits s'ouvrant aux idées. Un jour viendra où les boulets et les bombes seront remplacés par les votes, par le suffrage universel des peuples.

D'après un discours de Victor Hugo au Congrès de la paix, 21 août 1849

1984, le président français François Mitterrand et le chancelier allemand Helmut Kohl rendant hommage aux morts de la Première Guerre mondiale qui a opposé les deux pays

Pendant des siècles, les pays d'Europe se sont régulièrement fait la guerre. Depuis la création de l'Union européenne, ils sont en paix les uns avec les autres.

La paix DOC. A

L'Union européenne rassemble 27 pays d'Europe qui ont pour but premier de créer une vaste zone de paix. Dans le passé, ces pays ont souvent été en guerre les uns contre les autres. De nos jours, les Européens sont alliés et règlent par le dialogue et le débat leurs éventuels désaccords. De là vient la devise de l'UE : Unie dans la diversité.

Les droits humains et la démocratie DOC. B

L'Union européenne défend les droits de l'homme (les droits humains), en particulier la liberté, l'égalité et la justice. Elle s'assure que les pays membres les préservent et elle agit pour étendre ces valeurs dans le reste du monde.

L'Union européenne défend également la démocratie, qu'elle veut voir appliquer dans tous les pays membres.

B Les droits humains et la démocratie

Asmaa Mahfouz au Parlement européen, 2011

L'Union européenne a remis un prix à l'Égyptienne Asmaa Mahfouz pour avoir défendu les droits de l'homme et les libertés dans son pays.

6 Comment le photographe montre-t-il les valeurs défendues par cette femme ?

?7 Les pays de l'Union européenne sont-ils tous des démocraties ? À ton avis, pourquoi ?

C La solidarité

Avion français au Portugal

8 Décris cette scène : que se passe-t-il ? Qui est en danger ? À quoi cet avion sert-il ?

9 À ton avis, pourquoi un avion français intervient-il au Portugal ?

10 Connais-tu d'autres cas de solidarité au sein de l'Union européenne ?

La solidarité DOC. C

Enfin, les pays membres se sont engagés à la solidarité entre eux. Les États les plus riches viennent en aide aux autres. Et si l'un des pays membres rencontre une difficulté (par exemple, s'il est touché par une catastrophe naturelle), les autres lui viennent en aide.

VOCABULAIRE

une catastrophe naturelle : une catastrophe provoquée par la nature (une tempête, une inondation, un tremblement de terre…).

la diversité : un ensemble de choses, de personnes, de pays différents.

les pays membres : les pays qui font partie.

80 LES SYMBOLES DE L'UNION EUROPÉENNE

Comme la République française, l'Union européenne a ses symboles.

A Le drapeau européen

1 Trouve et décris le drapeau de l'Union européenne.

?2 Pourquoi y a-t-il douze étoiles ? Pourquoi sont-elles disposées en cercle ?

3 Où habituellement peut-on voir ce drapeau ?

B La devise européenne

4 Lis et explique la devise de l'Union européenne.

5 Comment l'artiste a-t-il illustré la devise européenne ?

C La journée de l'Europe

Affiche pour la journée de l'Europe 2012

La journée de l'Europe a lieu le 9 mai, en souvenir du 9 mai 1950, date de la première proposition d'organisation de l'Europe.

6 Explique l'image choisie sur cette affiche.

7 Explique le slogan.

D L'hymne européen

300 musiciens pour jouer l'hymne européen, place de la République à Paris, 2016

L'hymne européen est l'« Ode à la joie », tirée de la Neuvième symphonie de Beethoven (1823-1824).

8 Connais-tu l'hymne de l'Union européenne ? Si oui, fredonne-le.

9 À ton avis, pourquoi cet hymne est-il sans paroles ?

81 Les institutions et la citoyenneté européenne

A Les institutions européennes

Le Parlement européen à Bruxelles (Belgique)

1. Décris cette assemblée. Comment les députées et les députés sont-ils installés ? Pourquoi ?
2. À ton avis, ces députés ont-ils tous les pouvoirs ?
3. À ton avis, par qui ont-ils été élus ?
4. ? Quand a-t-on voté pour les élections européennes ?

Et moi ? Quand je serai adulte, est-ce que je pourrai voter aux élections européennes ?

Les institutions européennes DOC. A

Les institutions européennes fonctionnent un peu comme les institutions françaises. Les citoyennes et les citoyens des différents pays de l'UE élisent des députées et des députés. Ceux-ci votent les lois valables pour toute l'Europe. Les gouvernements des pays européens nomment des commissaires qui font appliquer les lois dans l'UE. Une Cour de justice vérifie que les pays européens respectent ces lois.

La citoyenneté européenne DOC. B

La citoyenneté donne des droits et des devoirs. Par exemple, les citoyennes et les citoyens français ont le droit de voter et d'être candidats aux élections françaises. Certains métiers, comme celui de juge, leur sont réservés. Ils doivent défendre le pays en cas de guerre. Ils peuvent être appelés à participer à un procès en tant que jurés.

Les citoyennes et les citoyens français sont égale-

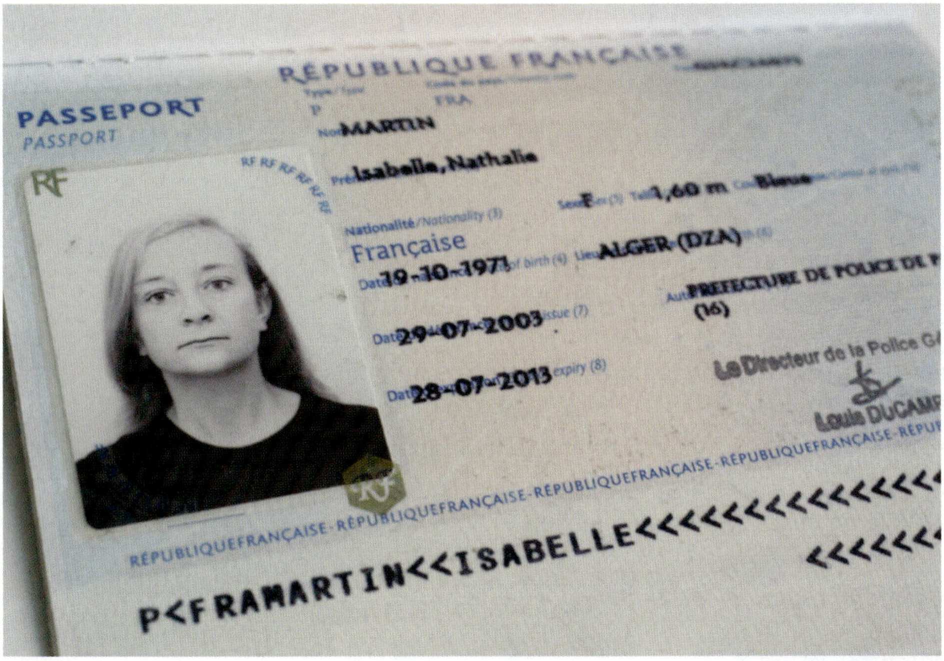

→ B La citoyenneté européenne

Passeport français

5 À quoi un passeport sert-il ?

6 Quelle est l'identité de cette personne ? sa nationalité ?

7 Qu'y a-t-il d'écrit sur la couverture de son passeport ?

8 D'après cette couverture, quelles sont ses deux citoyennetés ?

9 Qu'est-ce qu'un visa ? un permis de séjour ?

10 Isabelle Martin a-t-elle besoin d'un visa pour venir en France ?

11 A-t-elle besoin d'un visa pour aller dans un autre pays de l'Union européenne ?

Et moi ? Quelle est ma nationalité ? Ai-je un passeport européen ?

ment citoyennes et citoyens de l'Union européenne. Ils disposent d'un passeport européen, qui leur donne le droit de voyager et s'installer n'importe où dans l'UE, sans visa. Ils participent aux élections municipales et aux élections du Parlement européen dans l'État membre dans lequel ils vivent. Ils ont le devoir de respecter les valeurs de l'Union européenne, notamment la paix et la démocratie.

VOCABULAIRE

un·e candidat·e : une personne qui se propose pour une élection, un emploi, un examen.

un juré : un citoyen à qui l'on demande de participer à un procès pour donner son avis.

la nationalité : le lien entre un individu et son pays.

un visa, un permis de séjour : une autorisation d'entrée ou de séjour dans un pays.

Je fais le bilan du **chapitre 8**

1. Je sais ce qu'est la Déclaration des droits de l'homme et du citoyen et la Déclaration universelle des droits de l'homme.

2. Je connais quelques-uns des droits fondamentaux des êtres humains.

3. Je peux expliquer quelles sont les grandes valeurs de la République française.

4. Je sais comment s'exprime la solidarité nationale en France.

5. Je sais qui a le pouvoir en France.

6. Je sais ce que sont une ministre, un sénateur, une députée, le président de la République, un juge, le gouvernement. Je sais comment ils sont choisis et ce qu'ils font.

7. Je peux nommer les valeurs de l'Union européenne. Je reconnais les symboles de l'Union européenne.

9

Construire une culture civique

82 L'INTÉRÊT PERSONNEL ET L'INTÉRÊT COLLECTIF

A L'intérêt personnel et l'intérêt collectif

1. Chacun de ces cyclistes peut-il aller dans la direction qu'il veut ?
2. Quel est l'intérêt personnel de chacun de ces cyclistes : de pédaler dans la montée ou de se laisser porter par les autres ?
3. Quel est leur intérêt collectif : que personne ne pédale ?
4. Connais-tu un cas, dans la classe, où ton intérêt personnel n'est pas le même que l'intérêt collectif ?

Et moi ? Est-ce que je suis attentif à l'intérêt collectif ?

L'intérêt personnel DOC. A

Chacune de nos actions est animée par une motivation personnelle : on joue avec les camarades que l'on apprécie, on apprend sa poésie parce qu'on aime cela, ou parce qu'on veut avoir une bonne note, on veut briller devant la classe ou obtenir la confiance de ses parents, ou encore parce qu'on a peur de se faire punir. Nous sommes animés par notre intérêt personnel.

L'intérêt collectif DOC. A

Quand nous sommes ensemble, le groupe a son propre intérêt : c'est l'intérêt collectif. L'intérêt collectif d'une équipe est de gagner. Parfois, l'intérêt collectif et les intérêts personnels sont les mêmes : par exemple, chaque joueur a envie que son équipe gagne. Souvent, ils sont différents : pour laisser l'équipe gagner, un joueur peut céder son tour à un autre plus fort.

B Des conflits d'intérêts

5 Pour bien comprendre la situation, jouez-la en classe : un élève joue Jeannot Lapin, un autre Touroux l'Écureuil et un troisième Jolichant la Mésange. Il faut bien accepter que, dans cette histoire, on ne connaît pas la vérité.

6 Qu'est-ce que Touroux et Jolichant risquent s'ils ne disent pas qu'ils ont mangé la tarte ?

7 Qu'est-ce que Touroux et Jolichant risquent s'ils disent qu'ils ont mangé la tarte ?

8 Quel est leur intérêt commun ?

9 Quel est l'intérêt personnel de chacun ?

10 Et toi, as-tu déjà vécu une situation où ton intérêt n'est pas le même que celui du groupe ? Qu'as-tu fait ?

Et moi ? Suis-je capable de sacrifier mon intérêt personnel pour l'intérêt collectif ?

Jeannot Lapin a fait une tarte aux pommes qu'il a laissée dans la cuisine. Quand il revient, quelqu'un en a grignoté une part. Il pense que les coupables sont Touroux l'Écureuil et Jolichant la Mésange.

Jeannot Lapin les enferme chacun dans une pièce séparée de son terrier et dit à Touroux :

« Si tu dis que c'est toi, je ne te donnerai pas de ma tarte aux pommes car tu es un voleur. Mais comme tu as eu l'honnêteté de te dénoncer, je te donnerai quand même une pomme.

« Si tu dis que ce n'est pas toi et que Jolichant te dénonce, alors tu es à la fois coupable et menteur, et tu n'auras rien.

« Si tu dis que ce n'est pas toi et que Jolichant le confirme, alors c'est que vous êtes innocents tous les deux, et vous pourrez dévorer toute ma tarte.

« Maintenant réponds-moi : est-ce que tu as mangé de ma tarte aux pommes ? Et est-ce que Jolichant en a mangé ? »

Ensuite, il part dire la même chose à Jolichant.

Que va faire Touroux ? S'il se dénonce, il n'aura qu'une pomme. Mais s'il ne se dénonce pas, il risque de ne rien avoir du tout.

Et que va faire Jolichant ? Elle aussi, si elle se dénonce, n'aura qu'une pomme. Mais si elle ne se dénonce pas, elle risque de ne rien avoir du tout.

Ah, si Touroux et Jolichant pouvaient se parler ! Ils décideraient ensemble de ne pas se dénoncer : comme cela, ils auraient tous les deux toute la tarte aux pommes. C'est leur intérêt collectif. Mais comme ils ont trop peur d'être dénoncés par l'autre, ils décident finalement de se dénoncer… et repartent chacun avec une pomme.

Sophie Le Callennec, librement adapté du principe du *Dilemme du prisonnier* d'Albert William Tucker, 1950

Des conflits d'intérêts DOC. B

Parfois, il y a un conflit entre l'intérêt particulier et l'intérêt collectif : par exemple, un enfant a envie d'aller à une fête, mais son équipe a besoin de lui pour gagner un match. Il doit alors choisir et, parfois, sacrifier son intérêt personnel (aller s'amuser) pour servir l'intérêt collectif (faire gagner son équipe).

VOCABULAIRE

un conflit d'intérêts : l'opposition entre les intérêts de plusieurs personnes, ou entre des intérêts personnels et l'intérêt collectif.

l'intérêt collectif : ce qui est avantageux pour le groupe.

l'intérêt personnel : ce qui est avantageux pour soi-même.

83 Les valeurs personnelles et les valeurs collectives

Pour juger si une situation, une action est bonne ou mauvaise, nous la mesurons avec nos valeurs.

A Les valeurs collectives

Image réalisée avec une caméra thermique

La caméra thermique permet de voir dans le noir car elle filme la chaleur.

1. Dis ce que tu vois sur cette photographie. À ton avis, qu'est-ce que cet homme est en train de faire dans la nuit ?
2. Que penses-tu des voleurs ?
3. Est-ce que toute la classe est d'accord pour condamner le vol ?
4. Trouve d'autres valeurs que toute la classe partage.

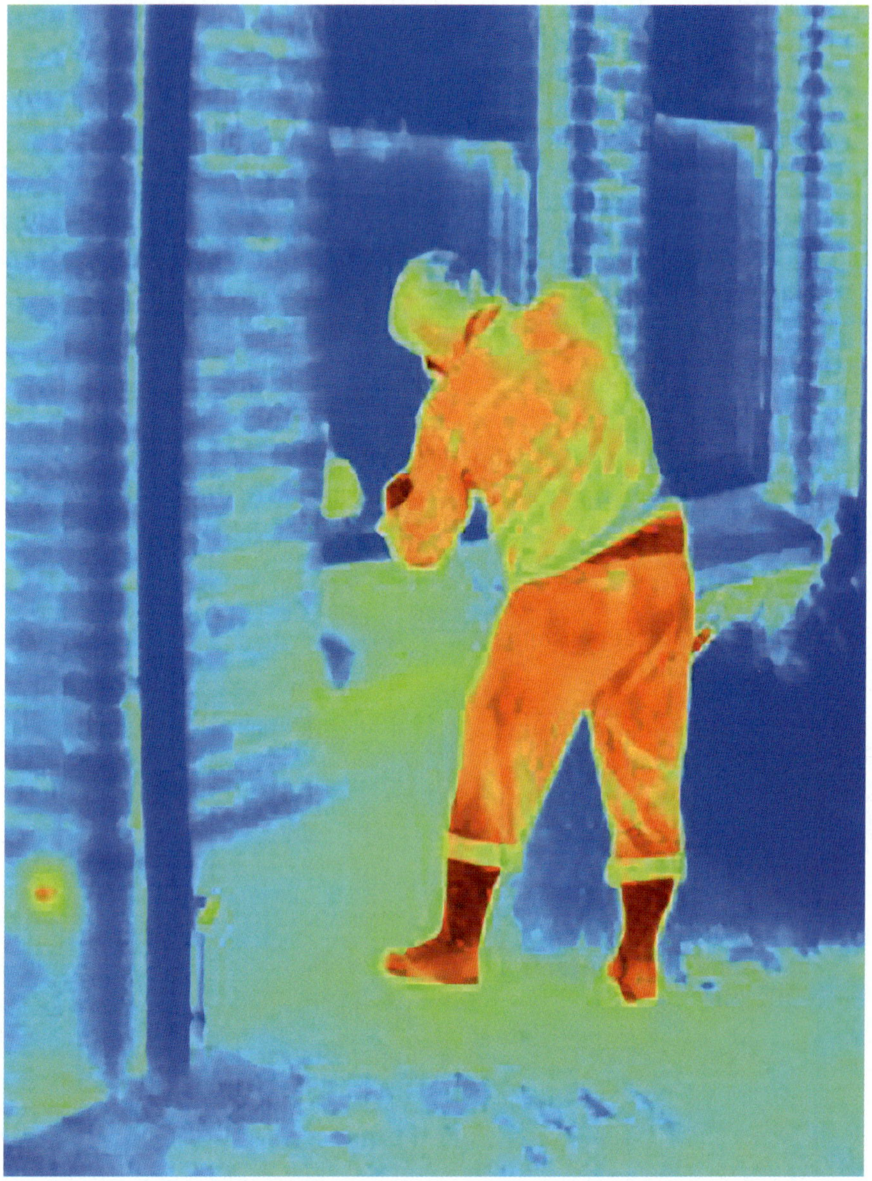

Le jugement de valeur

Pour porter un jugement, nous nous appuyons sur des valeurs : nous savons ainsi ce qui est bien, ce qui est juste. Si nous prenons des décisions contraires à nos valeurs, nous ressentons une hésitation, une peur, un remords. Au contraire, si nous prenons des décisions et agissons conformément à nos valeurs, nous nous sentons en paix avec nous-mêmes.

Les valeurs collectives DOC. A

La société, le pays dans lequel nous vivons s'appuie sur des valeurs collectives : elles sont partagées par tous (ou, au moins, par le plus grand nombre). Par exemple, en France, nous attachons tous une grande importance à notre liberté. Nous avons décidé de pratiquer l'égalité entre tous et nous sommes d'accord qu'il vaut mieux agir dans un esprit de fraternité et de solidarité que dans l'agressivité.

→ B Les valeurs personnelles

5 Quel jugement le loup porte-t-il sur le fait de manger un agneau ?

6 Quel jugement l'agneau porte-t-il sur le fait d'être mangé par le loup ?

7 Et toi, quel jugement portes-tu sur l'idée d'un loup qui mange un agneau ? Pourquoi ?

8 Trouve d'autres cas où nous n'avons pas tous le même jugement.

Et moi ? Quelles sont mes valeurs personnelles, celles auxquelles je suis attaché ?

Pour vivre, le loup a besoin de manger l'agneau : chez les loups, tuer un agneau, c'est bien. Ça fait vivre le loup, la louve, ça fait grandir les petits loups. L'agneau, lui, ne veut pas mourir : chez ces animaux, ce que font les loups, c'est mal. Et l'envie de vivre qu'a l'agneau, c'est bien. Ce qui est bien pour le loup ne l'est pas pour l'agneau. Et ce qui est bien pour l'agneau est mal pour le loup. Le bien n'est pas le même pour tout le monde, le mal non plus.

Brigitte Labbé et Michel Puech, *Le bien et le mal*,
© Éditions Milan, coll. Les goûters philo, 2000

→ C Les conflits de valeur

9 Quand un camarade te dit un secret, le répètes-tu ? Pourquoi ?

10 Si un camarade te dit en secret qu'il va se mettre en danger, que fais-tu ? au nom de quelles valeurs ?

11 T'est-il déjà arrivé de sentir un conflit entre tes valeurs ?

Les valeurs personnelles DOC. B

Chacun d'entre nous a aussi des valeurs personnelles : il ne les partage pas avec tous les autres. Par exemple, certains pensent que le plus important est d'être le meilleur, d'autres attachent plus d'importance à l'amitié. Les valeurs de chacun dépendent de sa manière de voir la vie, éventuellement de sa religion. Le dialogue nous permet de découvrir et de comprendre les valeurs des autres.

Les conflits de valeur DOC. C

Parfois, nous avons du mal à savoir ce qui est bien, ce qui est juste, car il y a un conflit entre nos différentes valeurs. Par exemple, la loyauté nous empêche de révéler un secret, mais notre sens de l'amitié peut nous pousser à vouloir prévenir un adulte si un ami a prévu de se mettre en danger. Il faut alors faire un arbitrage entre nos valeurs, et ce n'est pas toujours facile.

84 LE JUGEMENT MORAL : LA VÉRITÉ ET LE MENSONGE

A Le mensonge

Steve Baron, *Pinocchio*, 1996

1. Qui est ce personnage ?
2. En quoi son nez est-il particulier ?
3. Raconte son histoire.
4. Dans quels cas a-t-on parfois envie de mentir ?

Et moi ? M'arrive-t-il de mentir ? Pourquoi ?

Le mensonge DOC. A

Mentir, c'est dire quelque chose que l'on sait faux. Le mensonge est différent de l'erreur : quand on se trompe, on affirme une chose sans savoir qu'elle est fausse. Certains mentent parce qu'ils ont peur de se faire gronder. D'autres parce qu'ils ont honte. D'autres encore se créent un personnage et inventent des histoires pour se faire remarquer.

Les conséquences du mensonge DOC. B

Le mensonge a toujours des conséquences négatives. Celui qui ment pour ne pas se faire punir risque de l'être doublement : pour ce qu'il a fait et pour avoir menti. Celui qui invente des histoires risque de ne plus être cru, même quand il dit la vérité. Et tous les menteurs finissent par perdre leurs amis et la confiance des autres. Le mensonge, la calomnie et la diffamation sont punis par la loi.

B Les conséquences du mensonge

5 Lis cette histoire et raconte-la avec tes propres mots.

6 Quelle est la morale de cette fable ?

7 Quelles peuvent être les autres conséquences d'un mensonge ?

Et moi ? M'arrive-t-il de raconter n'importe quoi ?

Il était une fois un jeune garçon qui gardait les troupeaux dans la montagne. Un jour qu'il s'ennuyait, il se mit à crier : « Au loup ! Au loup ! » En entendant son appel, les villageois s'armèrent de fourches et gravirent la montagne en courant pour sauver leurs troupeaux et porter secours au jeune berger. Quand ils arrivèrent, ils trouvèrent leurs moutons en train de paître tranquillement et le jeune berger en train de rire de sa plaisanterie. Ils redescendirent furieux.
Le lendemain, le berger décida de s'amuser à nouveau et cria à nouveau : « Au loup ! Au loup ! » Les villageois accoururent une fois encore et, furieux, comprirent que le berger s'était encore moqué d'eux. Il en fut de même le surlendemain.
Le jour suivant, le loup arriva vraiment et attaqua le troupeau. Le berger eut beau crier, personne au village ne le crut et ne vint à son secours.

D'après une fable d'Ésope, VIe siècle av. J.-C.

C La vérité

8 Que fait cette personne ? Pourquoi lève-t-elle la main droite ?

9 Pourquoi doit-on jurer de dire la vérité dans un tribunal ?

10 Et si on ne connaît pas la réponse à une question, comment peut-on dire la vérité ?

11 Est-ce toujours facile de dire la vérité ?

Et moi ? M'arrive-t-il de promettre de dire la vérité ? Est-ce que je tiens ma promesse ?

Enseignement moral et civique

La vérité DOC. C

La vérité est une valeur commune : tous, nous la préférons au mensonge. Pourtant, la vérité n'est pas toujours facile à dire. Dans certains cas, on ne la connaît pas bien : dire la vérité consiste alors à préciser que l'on ne sait pas. Dans d'autres cas, on craint de faire de la peine : on hésite à répondre que l'on n'aime pas un cadeau que l'on a reçu. Il faut apprendre à dire les choses sans blesser.

VOCABULAIRE

une calomnie : une parole ou un texte mensonger qui nuit à la réputation de quelqu'un.

la diffamation : une information mensongère qui donne une mauvaise image d'une personne.

un mensonge : une affirmation qui est volontairement fausse.

85 Le jugement moral : le juste et l'injuste

A L'injustice

1. Dis ce que tu vois sur cette photographie. À ton avis, que s'est-il passé ?
2. Que ressent l'enfant de droite ?
3. As-tu déjà eu le sentiment que ce qui t'arrivait ou arrivait à un camarade était injuste ? Qu'as-tu fait alors ?

Et moi ? M'arrive-t-il de commettre des injustices ?

B La justice

4. Lis l'histoire page 195, puis raconte-la avec tes propres mots.
5. Pourquoi était-il difficile de rendre la justice ?
6. Comment le roi Salomon a-t-il fait pour connaître la vérité ?
7. Que penses-tu de cette histoire ?

Nicolas Poussin, *Le Jugement de Salomon*, 1649

8. Retrouve les différents personnages de cette histoire sur le tableau page 195.
9. Décris l'attitude des personnages.
10. Et toi, t'arrive-t-il de ne pas savoir où est la vérité ? Comment fais-tu alors pour ne pas te montrer injuste ?

L'injustice DOC. A

Quand quelqu'un se fait punir à la place d'un autre, chacun ressent un malaise ou de la colère, on a envie de défendre la victime. On a aussi le sentiment d'une injustice quand quelqu'un est moins bien traité que les autres. Tous, nous partageons le sentiment de l'injustice et nous préférons la justice.

La justice DOC. B

Le mot justice a deux significations. D'une part, la justice est le contraire de l'injustice : elle est le sentiment qu'une situation, une action est juste, conforme à notre sentiment collectif de ce qui est normal, de ce qui est bien.
D'autre part, le mot désigne le pouvoir qui s'occupe de rendre la justice : en France, ce pouvoir appartient aux juges dans les tribunaux.

Deux femmes se disputaient et finirent par aller demander justice au roi Salomon. L'une d'elles prit la parole :

– Le bébé de ma voisine est mort, et, dans la nuit, elle l'a échangé contre le mien qui est vivant.

L'autre répondit :

– Elle ment ! Mon bébé est vivant. C'est le sien qui est mort !

Le roi Salomon était embarrassé, car il ne savait pas laquelle des deux disait la vérité. Il eut une idée et dit à un garde :

– Avec ton épée, coupe ce bébé en deux et donne une moitié à chacune de ces femmes.

L'une des deux femmes approuva aussitôt :

– Parfait, comme cela ni elle ni moi n'aurons cet enfant vivant.

Mais l'autre s'écria :

– Laisse-le en vie et donne-le plutôt à ma voisine.

Aussitôt, le roi Salomon reprit :

– Garde, donne ce bébé à celle qui préfère le savoir vivant car elle est la vraie mère de l'enfant.

Tous ceux qui étaient là virent que Salomon était un roi sage et juste.

D'après la Bible

VOCABULAIRE

demander justice : demander l'aide d'un juge pour faire valoir un droit.

rendre la justice : juger.

La justice est nécessaire pour nous permettre de vivre en paix : il y a justice quand les droits de chacun sont protégés et que ceux qui ne respectent pas les règles (les lois), donc les droits des autres, sont punis.

Mais la justice n'est pas toujours facile à rendre : il faut éviter de commettre des erreurs et, pour cela, il faut connaître la vérité.

86 Le jugement moral : le courage et la lâcheté

A Le courage de se battre ?

Le combat de David contre le géant Goliath, 1938

La Bible raconte qu'un jour, au cours d'une guerre, le géant Goliath (ou Jalout) proposa que son camp se rende si un homme seul était capable de le battre. David, un jeune berger, eut le courage de l'affronter. Avec sa fronde, il lui lança une pierre au visage et le fit s'effondrer. Son clan gagna la guerre.

1. **Sur cette image, retrouve David et Goliath.**
2. **En quoi David s'est-il montré courageux ?**
3. **Pour toi, qu'est-ce que le courage ? Quel est le contraire du courage ?**
4. **Si, dans la cour de récréation, tu te bats avec un autre enfant, dira-t-on que tu es courageux ? Pourquoi ?**

Le courage de se battre ? DOC. A

Nous connaissons tous des histoires de personnes courageuses, c'est-à-dire des personnes qui ont été capables de surmonter leur peur pour agir. Des histoires inventées, comme celle du Petit Poucet qui se bat contre un ogre pour sauver ses frères. Des histoires vraies aussi, comme celles des résistants, femmes et hommes, pendant la Deuxième Guerre mondiale.

Tous, nous admirons les personnes qui se montrent courageuses et nous n'aimons pas la lâcheté. Mais, dans notre société, on nous demande de ne pas nous battre. Il convient, au contraire, de régler pacifiquement les conflits. De nos jours, on ne considère pas que se battre en utilisant la force et la violence est une forme de courage.

B Différentes formes de courage

Poignée de main entre Nelson Mandela et Frederik De Klerk

Nelson Mandela s'est battu toute sa vie contre l'apartheid : des lois qui, en Afrique du Sud, donnaient plus de droits aux Blancs qu'aux Noirs. À cause de cela, il est resté en prison pendant des années. Quand il est sorti, il a été le premier Noir à se faire élire président de l'Afrique du Sud. Beaucoup de gens voulaient se venger des Blancs, mais il a préféré instaurer la paix et le pardon. Certains l'ont alors critiqué. Mais les Blancs et les Noirs ont appris à vivre ensemble avec les mêmes droits.

5 **Sur cette image, reconnais Nelson Mandela : il serre la main à l'ancien président de l'Afrique du Sud.**

6 **En quoi peut-on dire que Nelson Mandela a fait preuve de courage en pardonnant aux Blancs ? Que risquait-il ?**

7 **Et toi, dans quelles situations difficiles dois-tu parfois faire preuve de courage ?**

Et moi ? **Est-ce que je suis capable de me réconcilier avec quelqu'un qui m'a fait du mal ?**

Différentes formes de courage DOC. B

On peut montrer son courage sans se battre. Par exemple, il faut du courage pour avouer que l'on s'est trompé. Il faut du courage pour dire que l'on n'est pas capable de faire quelque chose et demander de l'aide. Parfois aussi, on a peur de déplaire ou qu'on se moque de nous : il faut du courage pour dire que l'on n'est pas d'accord avec les autres et pour refuser d'agir comme eux.

VOCABULAIRE

la lâcheté : le manque de courage.
pacifiquement : dans la paix.

87 L'ENGAGEMENT

A S'engager

1. Décris cette scène.
2. Quelles sont les tâches à effectuer pour organiser la fête de fin d'année ?
3. Que se passe-t-il si personne ne participe à la préparation de la fête de l'école ?
4. Donne des exemples d'engagements que tu prends parfois.
5. Dans la classe, quelles sont les différentes responsabilités ? Comment sont-elles partagées ?
6. Trouve d'autres manières de montrer que l'on se sent concerné par la vie de la classe.

Et moi ? Quelle est ma responsabilité dans la classe ? Est-ce que je l'assume ?

S'engager DOC. A

Chaque jour, des citoyennes et des citoyens prennent des initiatives pour améliorer la vie quotidienne. Ils créent des associations et proposent des activités, des services, des aides, des débats… Ces associations fonctionnent grâce au temps que donnent les bénévoles et aux dons faits par chacun.

En grandissant, nous aussi, nous prenons des responsabilités pour participer à notre vie commune. Chacun s'investit dans les projets de la classe et de l'école, comme la préparation d'un spectacle ou d'une fête de fin d'année. L'école a besoin que des élèves s'engagent et participent davantage. Certains se portent volontaires quand il y a une action à mener : par exemple, tenir un stand à la fête de fin d'année. D'autres se proposent comme candidat pour devenir délégué de classe ou participer au conseil d'école. Chacun peut faire des propositions pour améliorer la vie de la classe ou de l'école.

→ B Respecter ses engagements

7 Décris cette scène.

8 Qui a pris un engagement par rapport à l'autre ?

9 Que se passe-t-il s'il ne respecte pas son engagement ?

10 Que gagne-t-on à respecter ses engagements ?

Et moi ? Est-ce que je tiens mes engagements ? M'arrive-t-il de tromper la confiance des autres : de ne pas respecter ma parole, de trahir un secret, d'abîmer un objet que l'on m'a prêté, de laisser tomber quelqu'un à qui j'ai promis mon aide ?

Enseignement moral et civique

Respecter ses engagements DOC. B

S'engager, c'est faire une promesse. Il faut ensuite tenir sa promesse. Sinon, on crée des ennuis à celui ou ceux envers qui on s'est engagé. Cela peut les mettre dans de grosses difficultés. Et comme on trahit sa parole, on perd la confiance des autres. C'est pourquoi il faut bien réfléchir avant de s'engager, pour être certain de tenir ses engagements.

VOCABULAIRE

un engagement : la promesse de faire quelque chose.

s'engager : faire une promesse.

une initiative : une action que l'on est le premier à proposer, à organiser.

se porter volontaire : se proposer pour faire quelque chose.

une responsabilité : une obligation que l'on doit assumer car on s'est engagé.

88 S'ENGAGER CONTRE LA POLLUTION

L'un des engagements que chacun de nous peut prendre est de préserver l'environnement en luttant contre la pollution.

A La pollution de l'air

1. Décris cet affichage.
2. Dans quelle ville est-il installé ?
3. Que demande-t-il aux habitants ? Pour quelles raisons ?
4. Quelles sont les causes de la pollution de l'air dans les villes ? et à la campagne ?
5. Quelles sont les conséquences de la pollution de l'air ?
6. Que peut-on faire pour éviter la pollution de l'air ?

Et moi ? M'arrive-t-il de réclamer la voiture pour un petit déplacement que l'on pourrait faire à pied ?

La pollution de l'air DOC. A

Les activités modernes polluent l'air. Cela a des conséquences néfastes sur notre santé, mais aussi sur la planète : ces activités contribuent au réchauffement climatique. Pour éviter de polluer l'air, chacun agit : il limite ses déplacements en voiture, préfère les transports en commun ou les déplacements à pied, à roller ou à bicyclette quand c'est possible.

La pollution de l'eau DOC. B

Pour protéger l'eau, il est interdit aux usines comme aux particuliers de jeter des déchets dans les rivières, les lacs et la mer. En France, des usines traitent les eaux sales de nos égouts, pour les purifier avant de les rejeter dans la nature. Chacun d'entre nous participe en ne jetant aucun objet ni produit polluant dans les cours d'eau et dans les toilettes.

B La pollution de l'eau

Station d'épuration à Grenoble

Les eaux qui partent dans les égouts contiennent du savon, des excréments, des restes alimentaires... La station d'épuration les nettoie et les filtre avant de les rejeter dans la nature.

7 Décris cette photographie.

8 Que se passerait-il si l'on n'épurait pas l'eau avant de la rejeter dans la nature ?

9 Comment éviter de polluer l'eau ?

Et moi ? M'arrive-t-il de jeter des déchets dans la cuvette des toilettes ?

C Les autres pollutions

Bénévoles nettoyant une plage

10 Ces déchets sont-ils biodégradables ?

11 Quels déchets se dégradent le plus rapidement ? le moins rapidement ?

12 Quels déchets sont dangereux ?

13 Que faut-il faire pour ne pas polluer la nature ?

Et moi ? Où est-ce que je jette le papier de mon goûter ? mon chewing-gum ?

Les autres pollutions DOC. C

Bien des gestes polluent notre environnement. C'est le cas lorsque des déchets sont jetés dans la nature : ils ne se détruisent pas tout seuls, ou alors très lentement. Certains paysages deviennent d'immenses décharges. Il existe d'autres formes de dégradation de l'environnement : les graffitis, le vandalisme, le bruit (on parle de « pollution sonore »).

VOCABULAIRE

biodégradable : qui peut être détruit par la nature.

l'épuration : le nettoyage, la purification.

le réchauffement climatique : la montée des températures partout dans le monde, du fait des gaz émis par les véhicules et les usines.

le vandalisme : le fait de détruire pour le plaisir.

90 Le jugement critique face aux médias et à Internet

Pour bien utiliser son jugement critique, il faut disposer d'informations justes.

A Sélectionner l'information

1. Décris cette affiche.
2. Quels sont les différents médias représentés ?
3. Lesquels utilises-tu ?
4. Connais-tu la différence entre un récit, un témoignage et un reportage ?

Et moi ? Est-ce que je m'intéresse à l'actualité ?

Sélectionner l'information DOC. A

Les journaux, la radio, la télévision, les sites Internet, notamment les réseaux sociaux, nous donnent sans cesse de nouvelles informations. Comme nous n'avons pas le temps de tout lire ou écouter, nous commençons par sélectionner les informations qui semblent intéressantes. En particulier, nous refusons la diffamation et l'information qui porte atteinte à la vie privée des personnes.

Vérifier l'information DOC. B

Ce n'est pas parce qu'une information est donnée par un média ou rapportée par un site Internet, ou encore racontée par un ami qu'elle est vraie. Avant de croire une information et de la propager, je me demande : l'information semble-t-elle sérieuse ? Qui me l'a donnée ? Est-ce une personne ou un média fiable ? Comment elle ou il l'a su ? Je vérifie en cherchant d'autres sources.

→ B Vérifier l'information

5 Quelle information ce site Internet donne-t-il ?

6 Que dit-il pour donner l'impression que c'est vrai ?

7 L'information est-elle vraie ? Comment le sais-tu ?

Et moi ? Est-ce que je crois facilement ce qu'on me dit ?

Et moi ? M'arrive-t-il de faire courir des rumeurs sans les avoir vérifiées ?

La NASA confirme que trois jours d'obscurité auront lieu cette année les 21, 22 et 23 décembre. La Terre restera durant ces trois jours sans soleil, dans l'obscurité totale. Ce phénomène sera le produit d'une tempête solaire, la plus grande durant les 50 dernières années... C'est le chef de la NASA Charles Bolden qui en a fait l'annonce et demande à tout le monde de garder son calme.

D'après un site Internet québécois

→ C Se faire sa propre opinion

Voici deux articles parus le jour où le robot Philae a atterri sur une comète après dix années de voyage dans l'espace.

8 De quand ces deux articles datent-ils ?

9 Quelle même information donnent-ils ?

10 Quel est l'avis du premier article sur cet atterrissage ?

11 Quel est l'avis du second ?

12 Si tu n'avais lu qu'un seul de ces deux articles, quelle serait ton opinion ?

Et moi ? Est-ce que je garde mon jugement critique face aux informations ?

ESPACE

La presse célèbre Philae, le petit robot

Philae a rencontré sa comète, et il s'y est accroché. Même si l'atterrissage n'a pas tenu toutes ses promesses, l'exploit est là. Et c'est ce que retient la presse étrangère.

COURRIER INTERNATIONAL | VIRGINIE LEPETIT

13 NOVEMBRE 2014 |

"Atterrissage !" et "historique". Ce sont les deux mots qui reviennent aujourd'hui à la une d'une grande partie de la presse étrangère pour parler de la mission Rosetta, qui a accompli hier une première : poser un objet issu de la civilisation humaine, le petit robot Philae, sur une comète. Même si Philae n'a pas atterri tout à fait comme il le fallait et que ses "harpons ne sont enfoncés que de 4 centimètres dans le sol de l'astre", explique le *New Scientist*, l'exploit reste entier. Et c'est ce que retiennent les quotidiens du jour.

france info

Espace : et si le robot Philae vivait ses dernières heures ?

par **Rédaction de France Info** vendredi 14 novembre 2014

Philae, on le sait, ne s'est pas posé là où il aurait dû, sur la comète. En arrivant, il a rebondi à plusieurs reprises. Du coup, il est assez mal placé - trop à l'ombre pour que ses capteurs solaires puissent recharger les batteries.

Enseignement moral et civique

Se faire sa propre opinion DOC. C

Quand je lis ou j'entends une information, je me demande si le journaliste ou le média donne l'information objective ou s'il essaye d'influencer son public. Je fais appel à mon jugement critique et je me garde le droit de ne pas être d'accord : je peux avoir ma propre opinion.

VOCABULAIRE

une atteinte à la vie privée : des indiscrétions sur la vie privée d'une personne.
un jugement critique : le jugement, l'opinion que l'on porte après avoir réfléchi.
un média : un moyen d'information (journal, radio, télévision, Internet…).
objectif, objective : qui est neutre, juste, et ne cherche pas à influencer.

91 Les réseaux sociaux : enjeux et dangers

Les réseaux sociaux sont des outils formidables, à condition de bien les utiliser, notamment de savoir se protéger.

A Les réseaux sociaux

En France, 38 millions de personnes utilisent les réseaux sociaux, sur leur ordinateur ou sur leur téléphone portable.

1. Quels réseaux sociaux connais-tu ?
2. Nommes-en un qui permet de :
   - transmettre des vidéos ;
   - savoir ce que font nos amis ;
   - échanger des messages.
3. Avec qui les réseaux sociaux nous mettent-ils en contact ?
4. Sur les réseaux sociaux, qu'appelle-t-on les « notifications » ?

B Où est le piège ?

5. À ton avis, quels sont les objectifs des personnes qui créent et développent les réseaux sociaux ?

Ceux qui créent et développent des réseaux sociaux le font pour gagner de l'argent.
Ils espionnent ce que tu regardes pour savoir qui tu es, à quoi tu t'intéresses et ce que tu penses.
Ils peuvent ainsi t'influencer par la publicité et gagner beaucoup d'argent.

6. Avec un moteur de recherche, cherche comment afficher les cookies sur le navigateur que tu utilises.
7. Sur ton navigateur, identifie quelques sites qui ont mis des cookies. Cherche comment les effacer ; comment les éviter.

C Se méfier

8 Décris ce dessin et explique son message.

9 Que risques-tu sur les réseaux sociaux ?

10 Quelles précautions dois-tu prendre ?

11 À partir de quel âge a-t-on le droit d'utiliser les différents réseaux sociaux ?

Sur les réseaux sociaux, on ne sait jamais avec qui on dialogue. Pour les personnes que l'on connaît « en vrai », rien ne prouve que ce sont bien elles. Pour les autres, même si elles ont l'air gentilles, elles peuvent avoir de mauvaises intentions. Ne donne jamais d'informations personnelles (ton nom, ton adresse, ton numéro de téléphone...) et surtout, surtout, n'accepte jamais un rendez-vous sur les réseaux sociaux.

12 T'est-il déjà arrivé de voir des choses choquantes sur les réseaux sociaux ? Qu'as-tu fait ?

13 Que faudrait-il faire ?

Sur les réseaux sociaux, on voit parfois des choses choquantes : des images, des vidéos, des idées qui nous font du mal, même si on ne s'en rend pas compte. Si cela t'arrive, ce n'est pas de ta faute. Mais demande aussitôt l'aide d'un adulte : ce n'est peut-être pas un « pro » des réseaux sociaux, mais c'est un « pro » quand il s'agit de trouver comment te protéger. Surtout, ne fais pas de capture d'écran et n'envoie cela à personne, car si ces images ou ces vidéos sont interdites, tu deviendrais complice.

14 Quand une image ou une vidéo est désactivée car son contenu peut choquer, que fais-tu ?

D Une mémoire d'éléphant

15 Quel problème ce texte évoque-t-il à propos de Snapchat ?

16 Et concernant Instagram ?

Imagine que l'on puisse trouver sur les réseaux sociaux des photos de toi avec ton pouce ou ta tétine : comment te sentirais-tu ? Dis-toi que ce que tu postes aujourd'hui sur les réseaux sociaux y sera encore quand tu seras grand.

Instantané et éphémère. Telles étaient les deux clés du succès de l'application Snapchat. Le principe consiste à envoyer à un contact une photo qui s'effacera automatiquement et définitivement au bout de quelques secondes. C'est du moins ce que croyaient ses millions d'utilisateurs. Un expert a annoncé avoir découvert une faille dans l'application, qui permet de récupérer l'ensemble des photos reçues par un utilisateur. Accusée d'utiliser les photos privées de ses utilisateurs, l'application concurrente Instagram a perdu près de la moitié de ses membres.

D'après Maxime Vaudano, « Snapchat : ces photos éphémères qui ne s'effacent pas », 10 mai 2013, http://rezonances.blog.lemonde.fr

92 Le numérique, la vie privée : mes droits et ceux des autres

A Ma vie privée

1 Si tu te fais gronder dans la rue, qui peut le savoir ?

2 Si tu te fais gronder dans ta maison, qui peut le savoir ?

3 Et si tu fais quelque chose sur Internet ou les réseaux sociaux, qui peut le savoir ?

Une partie de ta vie est « privée » : c'est ton intimité. Personne ou presque ne sait ce que tu fais dans ces moments. Internet et les réseaux sociaux ne sont pas dans notre vie privée. Ce que nous y faisons est public : tout le monde, même tes parents et tes professeurs, peut le voir.

4 Donne des exemples de ce que tu peux faire ou ne pas faire sur Internet.

5 Sais-tu ce qu'est la géolocalisation ? Quels appareils permettent de te géolocaliser ? Qui peut ainsi te géolocaliser ? À quoi cela leur sert-il ?

B Mon identité numérique

6 Sur Internet et les réseaux sociaux, quelles informations ne dois-tu jamais transmettre ?

7 Peux-tu dire où tu habites ? Pourquoi ?

8 Peux-tu donner le nom de tes parents ? celui de ton chien ? Pourquoi ?

Sur Internet et les réseaux sociaux, ton nom, ton âge, l'endroit où tu habites, ta taille et ton poids, le nom de tes parents ou de tes amis, tes empreintes digitales ou ta voix, ta photographie, tout cela permet de t'identifier, de te connaître, voire de se faire passer pour toi. Les entreprises qui récupèrent ces informations les vendent très cher à d'autres, pour qu'elles t'influencent, notamment par la publicité. Ces informations sont privées, elles t'appartiennent : c'est toi qui décides si tu veux ou non les partager, et avec qui.

→ C Les droits des autres

9 Si, sur Internet, quelqu'un parle de toi ou raconte ta vie privée, que ressens-tu ?

10 Si quelqu'un poste une photo de toi, es-tu forcément d'accord ? Que devrait-il faire d'abord ?

11 Et toi, as-tu le droit de parler des autres ou de raconter leur vie privée sur Internet ? Que dois-tu faire avant de mettre leur photo en ligne ?

De même que les autres doivent respecter ta vie privée, tu dois respecter la leur. Tu ne peux donc pas tout dire sur Internet ou les réseaux sociaux, ni mettre des photos des autres sans leur accord.

Sur Internet et les réseaux sociaux comme dans la vraie vie, il faut aussi se montrer respectueux envers les autres : rester poli, ne pas être agressif, ne pas harceler les autres…

Et moi ? Est-ce que je respecte ces règles ?

Vente de DVD sur le site de la chaîne Arte

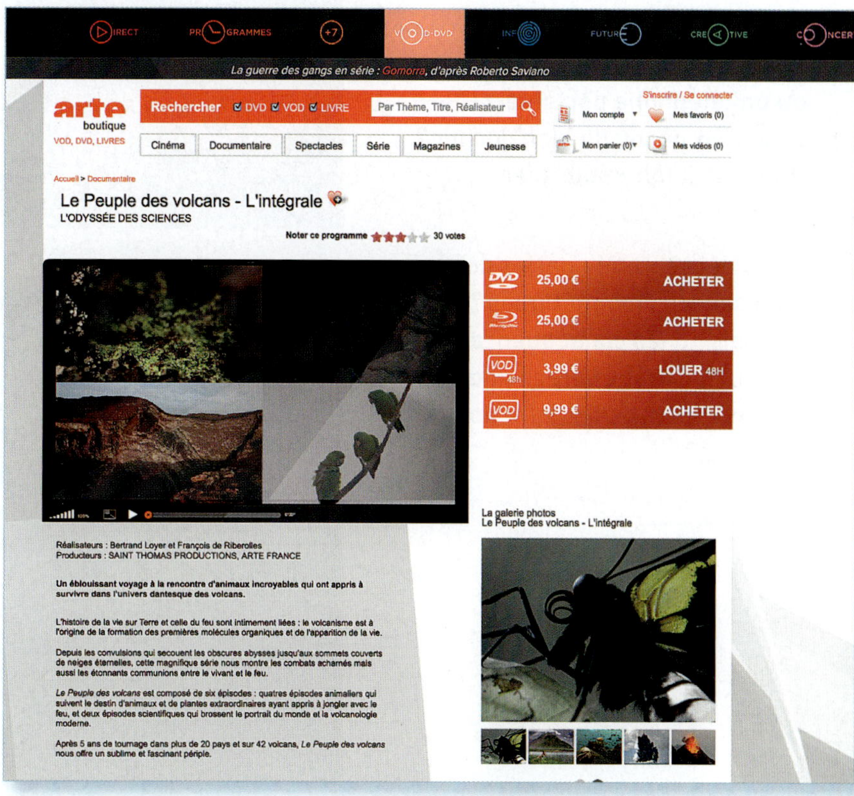

12 Que ressentirais-tu si quelqu'un postait un de tes dessins sur les réseaux sociaux sans ton autorisation ?

13 Comment s'appelle ce film ? Qui le propose ? À quel prix ?

14 Pourquoi est-il normal de payer pour le voir ?

15 Que faire si quelqu'un le propose gratuitement ?

16 Que doit-on faire avant de publier les textes écrits par d'autres ? les photos prises par eux ?

93 Le numérique et ma santé

L'utilisation des ordinateurs et des téléphones portables n'est pas sans danger : mieux vaut les connaître pour bien se protéger.

A Des risques pour la santé physique

1. Qu'arrive-t-il cette fille ? Pourquoi ? Quel autre danger court-elle quand elle utilise son portable dans la rue ?
2. Connais-tu l'effet des écrans sur les yeux ? des écouteurs sur les oreilles ? Comment peut-on s'en protéger ?
3. Quand tu consultes un ordinateur ou un portable, dans quelle position te tiens-tu ? Quelles peuvent en être les conséquences ?
4. À ton avis, pourquoi les jeunes qui passent beaucoup de temps sur l'ordinateur ont-ils plus de problèmes de poids que les autres ? Que faut-il faire pour éviter ces problèmes ?
5. Sais-tu pourquoi le fait de regarder un ordinateur ou un téléphone portable le soir empêche de bien dormir ? Que faut-il faire pour bien dormir ?
6. As-tu déjà entendu parler des ondes électromagnétiques ? Connais-tu les conséquences possibles sur les cerveaux des enfants ? Que faut-il faire pour se protéger ?

B Des risques pour le bien-être

Le numérique a également des conséquences sur notre bien-être.

Si on l'utilise trop, il empêche notre cerveau de se reposer, d'organiser nos pensées et de retrouver son énergie. Cela entraîne alors de la fatigue, des maux de tête, du stress voire de l'angoisse. Cela peut provoquer une baisse de la mémoire et de la concentration.

Plus on utilise le numérique, moins on s'intéresse au reste, donc plus on s'ennuie. Cela peut nous faire perdre le goût pour nos autres activités et nous éloigner des autres, voire nous isoler.

7 **Sais-tu ce qu'est une addiction ? Donne des exemples.**

Chaque année, des centaines de jeunes sont hospitalisés pour addiction aux écrans : ils ne peuvent plus s'en passer et cela provoque chez eux un grand mal-être.

Et moi ? **Je fais le test ci-contre pour connaître ma situation par rapport aux écrans. Je ne suis pas obligé de partager le résultat avec les autres. Suivant le résultat, je réfléchis aux solutions possibles pour ne pas être dépendant des écrans.**

Test : vrai ou faux ?

Prends tout en compte : l'ordinateur et le téléphone portable, Internet, les jeux vidéo ou en ligne, les SMS et les réseaux sociaux.

1. Le temps que je passe sur les écrans augmente.
2. J'ai de moins en moins de loisirs autres que les écrans.
3. Je préfère rester sur mon écran plutôt que d'aller manger.
4. Des personnes de ma famille se plaignent que je passe trop de temps sur les écrans.
5. Je préfère ne pas partir en vacances si je dois rester plusieurs jours sans aller sur les écrans.
6. Je passe de moins en moins de temps avec mes amis.
7. Quand je suis sur les écrans, je fais toujours les mêmes jeux ou je visite toujours les mêmes sites.
8. Mes résultats scolaires seraient meilleurs si je n'allais pas sur les écrans.
9. Quand je dois aller me coucher, je regrette de ne pas pouvoir rester sur les écrans.
10. J'ai essayé de passer moins de temps sur les écrans mais je n'y suis pas arrivé.

De 0 à 3 réponses « vraies » : tout va bien mais je dois rester prudent ou prudente.

De 4 à 6 réponses « vraies » : attention de ne pas devenir cyberdépendant ou cyberdépendante.

De 7 à 10 : j'ai tendance à être cyberdépendant ou cyberdépendante.

94 Le code de la route : le cycliste

A Avant de prendre la route

1. Nomme les dispositifs de sécurité représentés. Lesquels sont obligatoires ?
2. À quoi sert chaque dispositif ?
3. Quelles autres précautions faut-il prendre avant de faire du vélo ?

Et moi ? Est-ce que je vérifie régulièrement l'état de mon vélo ?

Avant de prendre la route DOC. A

Avant de prendre la route, le cycliste vérifie l'état de son vélo : les pneus, les freins avant et arrière, l'éclairage avant et arrière et la sonnette.
Pour se protéger en cas de chute, il porte un casque, obligatoire pour les enfants de moins de 12 ans. Pour être vu la nuit, il ne circule pas sans éclairage et porte un gilet à bandes réfléchissantes (« gilet jaune »).

Sur la route DOC. B

À partir de 8 ans, le cycliste circule sur les pistes cyclables ou la chaussée. Le cycliste maîtrise son vélo : il roule droit, tient le guidon. Il respecte le Code de la route : il serre à droite, en file indienne ; il garde ses distances et ne colle pas aux autres véhicules (au cas où ceux-ci freineraient brutalement) ; il ne double jamais un bus ou un camion par la droite ; il roule à vitesse modérée ; il respecte les feux tricolores et

B Sur la route, toujours attentif

4 Où ce cycliste se trouve-t-il ?

5 Quels dangers court-il ? Que peut-il faire pour les éviter ?

6 Que veut-il faire ? Comment le sais-tu ?

7 En a-t-il le droit ?

8 Que peut-il faire si cela lui semble trop dangereux ?

9 Quelles sont les autres précautions à prendre quand on circule à vélo ?

Et moi ? Quelle règle de prudence est-ce que je n'observe pas toujours quand je roule à bicyclette ?

les panneaux ; il ne transporte pas de passager à l'arrière. Quand il veut tourner, il vérifie qu'aucune voiture n'arrive devant, derrière lui ou sur les côtés et il indique son intention avec son bras. S'il ne respecte pas ces règles, le cycliste peut avoir un grave accident. La police peut lui mettre une amende pour lui rappeler de respecter le Code de la route et de se montrer prudent.

Toujours attentif DOC. B

Même s'il ne commet pas d'erreur, le cycliste doit en permanence faire attention aux dangers qui peuvent survenir. Il a conscience que les autres ne font pas toujours attention à lui et surveille l'ouverture d'une portière quand il dépasse une voiture, la sortie d'un véhicule depuis une voie de garage, l'inattention d'un piéton qui traverse sans regarder…

95 Le code de la route : le passager d'un véhicule

A Dans la voiture

1. Décris ce que cette enfant fait pour sortir du véhicule. De quel côté sort-elle ?
2. Que devrait-elle faire pour descendre en toute sécurité ?
3. Énumère les règles et les systèmes de sécurité pour les enfants, dans une voiture.
4. Quel comportement cette enfant doit-elle avoir pour participer à la sécurité de tous dans la voiture ?

Et moi ? Est-ce qu'il m'arrive d'oublier la prudence dans une voiture ?

Dans la voiture DOC. A

Quand il est passager d'une voiture, l'enfant attache sa ceinture de sécurité, même pour un court trajet. Jusqu'à 10 ans, il doit s'asseoir à l'arrière. S'il fait moins de 1 m 35, il s'assied sur un rehausseur.

Chaque passager est responsable de la sécurité de tous. Il ne gêne pas le conducteur : il n'attire pas son attention, ne lui montre pas ce qu'il voit sur la route, ne pousse pas des cris au risque de le faire sursauter, ne parle pas sans cesse, ne demande pas qu'on lui passe des objets.

Il attend qu'on le lui dise pour se détacher et sortir. Il monte ou descend du véhicule du côté du trottoir, jamais du côté de la chaussée sauf s'il est aidé par un adulte. Il regarde s'il n'y a pas de danger avant d'ouvrir ou fermer une portière, pour ne pas pincer un doigt ou heurter un piéton…

B Dans les transports en commun

Affiche de l'Association nationale pour les transports éducatifs de l'enseignement public

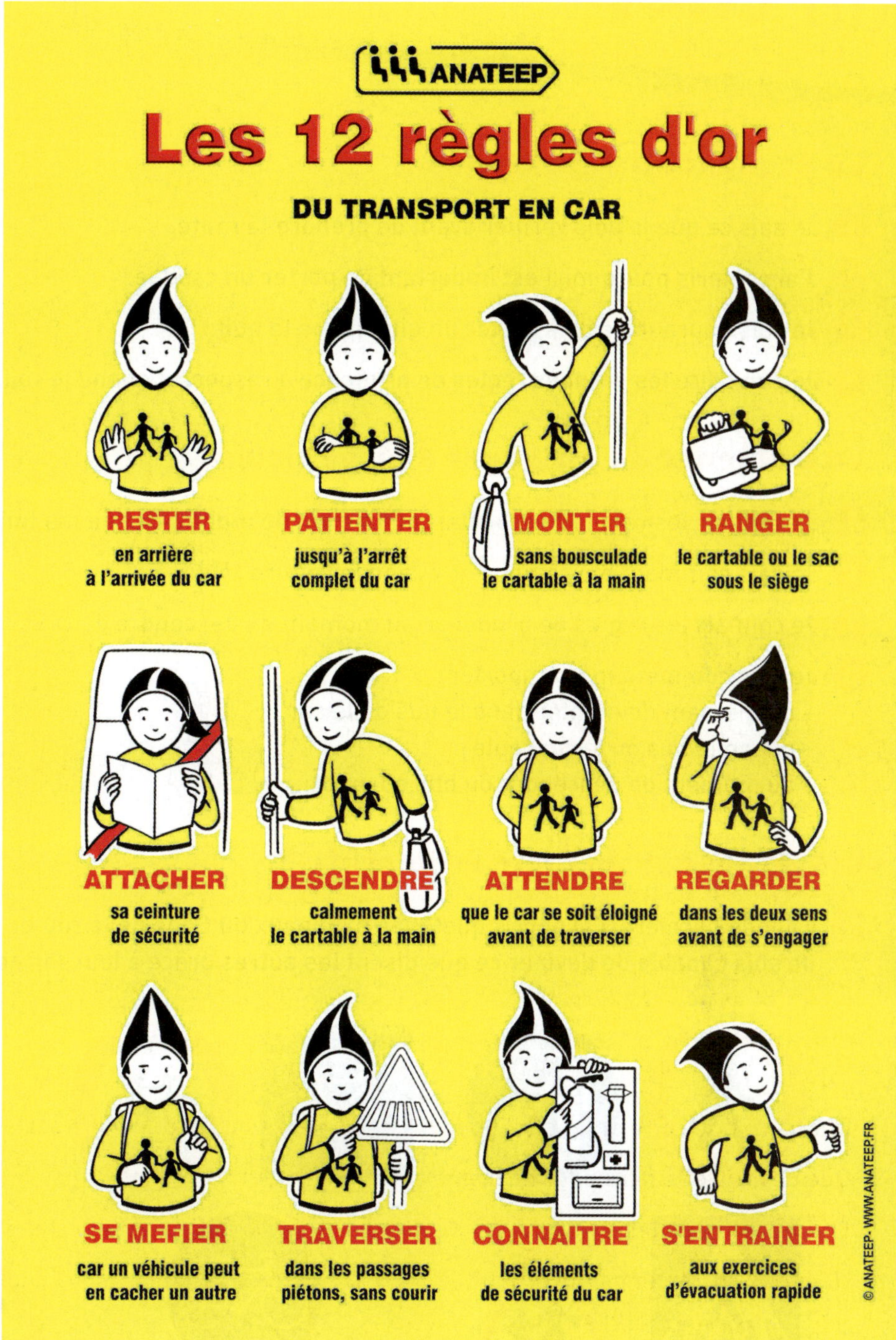

5 Explique une à une les règles à respecter lors des transports en car.

6 Cherche s'il existe d'autres règles de sécurité à respecter quand on prend le bus ou le tramway.

7 Décris l'attitude à avoir pour monter et pour descendre des transports en commun.

8 Explique pourquoi il est dangereux de traverser quand le bus ou le car est encore là.

Et moi ? Laquelle de ces règles je ne respecte pas toujours ?

Et moi ? Est-ce que je respecte toujours le chauffeur et les passagers quand je suis dans le bus, le tramway ou le métro ?

Dans les transports en commun DOC. B

Avant de monter dans un car, un bus, un tramway ou un métro, le passager attend que le véhicule soit arrêté et laisse les passagers descendre. Pendant le trajet, il reste calme, ne fait pas de bruit, ne circule pas, se tient à une barre pour ne pas tomber et range ses affaires là où cela ne dérange pas les autres. Il respecte les consignes, ne distrait pas le conducteur et attache sa ceinture s'il y en a une. Avant de descendre, il attend que le véhicule soit arrêté. Il ne bouscule pas les autres. Il attend que le car soit parti avant de traverser, car le chauffeur ne le voit pas forcément. Dans les transports en commun, les passagers sont polis, saluent le conducteur, ne bousculent pas les autres et respectent le matériel. Ils payent leur trajet pour partager le coût avec les autres passagers.

Je fais le bilan du **chapitre 10**

La prudence du cycliste

1. Je sais ce que je dois vérifier avant de prendre la route.
2. J'ai compris pourquoi il est important de porter un casque.
3. Je sais pourquoi je dois porter un gilet jaune la nuit.
4. Je peux dire les grandes règles de prudence à respecter quand je roule.

La prudence du passager d'un véhicule

5. Je connais les règles à respecter en fonction de mon âge et de ma taille.
6. Je sais comment me comporter quand la voiture roule.
7. Je connais les règles de prudence au moment de descendre de la voiture.
8. Je sais comment me comporter :
   - au moment de monter dans le bus ou le car ;
   - quand le bus ou le car roule ;
   - au moment de descendre du bus ou du car.

Les panneaux du Code de la route

9. L'année dernière, j'ai appris quelques panneaux du Code de la route.
   Je suis capable de deviner ce que disent les autres grâce à leur forme et à leurs couleurs.

Table des crédits

9	ph © Akg-Images
10	ph © Claude Benoit
11-h	Coll. Kharbine-Tapabor
11-b	ph © Pictorial Press Ltd/Alamy Stock Photo
12-h	Coll. Grob/Kharbine-Tapabor
12-bg	ph © Science Photo Library/Akg-Images
12-bd	ph © Akg-Images
13-h	ph © Selva/Leemage
13-b	ph © Musée national des arts et traditions populaires, Paris, France/Bridgeman Images
14	© Musée Gadagne - Lyon
15	ph © Josse/Leemage
16-h	ph © Bianchetti/Leemage
16-b	ph © DeAgostini/Leemage
17-h	Coll. Jonas/Kharbine-Tapabor
17-b	ph © Archives Charmet/Bridgeman Images
18,19-h	ph © Artedia/Leemage
19-m	Doc. Carte postale ancienne/DR
19-b	ph © Franck Guiziou/hemis.fr
20	ph © Josse/Leemage
21-h	ph © FineArtImages/Leemage
21-b	ph © PVDE/Bridgeman Images
22	ph © Josse/Leemage
23-g	Coll. Sirot-Angel/Leemage
23-d	ph © Maurice-Louis Branger/Roger-Viollet
24	ph © Akg-Images
25-h	ph © Neurdein/Roger-Viollet
25-b	Coll. Sirot-Angel/Leemage
26-h	ph © DeAgostini/Leemage
26-b	ph © Josse/Leemage
27-hd	ph © Michel Setboun/Photononstop
27-mg	ph © Guy Marché/Photononstop
27-md	ph © Daniel Thierry/Photononstop
27-b	ph © Artedia/Leemage
28-h	ph © Superstock/Leemage
28-b	Coll. Kharbine-Tapabor
29	ph © Josse/Leemage
30-h	ph © Bridgeman Images
30-b	ph © Josse/Leemage
31-h	ph © Erich Lessing/Akg-Images
31-b	ph © Luisa Ricciarini/Leemage
32-h	ph © M.Libert/20 Minutes/Sipa
32-b	ph © Eric Audras/AltoPress/MaxPPP
33-h	Coll. Kharbine-Tapabor
33-b	ph © Akg-Images
34-1,2	Coll. Kharbine-Tapabor
34-3	ph © Pictorial Press Ltd/Alamy Stock Photo
34-4	Coll. Grob/Kharbine-Tapabor
34-5	© Musée Gadagne - Lyon
34-6	ph © Bianchetti/Leemage
34-7	ph © Josse/Leemage
34-8	ph © Superstock/Leemage
34-9	ph © Artedia/Leemage
34-10	ph © PVDE/Bridgeman Images
34-11	ph © Artedia/Leemage
34-12	ph © Neurdein/Roger Viollet
34-13	ph © Artedia/Leemage
34-14	ph © Maurice-Louis Branger/Roger-Viollet
35	ph © Josse/Leemage
36	Coll. CL/Kharbine-Tapabor
37	ph © Bridgeman Images
38	ph © Josse/Leemage
39-h	ph © Alexandre Marchi/PHOTOPQR/L'EST REPUBLICAIN/MaxPPP
39-b	ph © Jules Motte/Sipa
40	ph © Archives Charmet/Bridgeman Images
41	ph © Musée Carnavalet/Roger-Viollet
42-hd	ph © Neurdein/Roger-Viollet
42-m	© Musée national de l'éducation, Rouen/INRP
42-b	© Réseau Canopé 2015 - Musée national de l'Education
43	ph © Duvallon/Leemage
44	ph © Gérard Blot/RMN-Grand Palais (Château de Versailles)
45	ph © DeAgostini/Leemage
46	ph © Josse/Leemage
47	Coll. Kharbine-Tapabor
48-h	ph © Godong/Photononstop
48-m	© Ministère de l'Education nationale, de l'Enseignement supérieur et de la Recherche
48-b	ph © B. Bebert/Sipa
49-h	ph © Akg-Images
49-m	ph © KidStock/Blend Images/Photononstop
49-b	© Ministère de l'Education nationale, de l'Enseignement supérieur et de la Recherche
50-1	ph © Alexandre Marchi/PHOTOPQR/L'EST REPUBLICAIN/MaxPPP
50-2	ph © Jules Motte/Sipa
50-3	ph © D. Silpa/UPI/MaxPPP
50-4	ph © Gérard Blot/RMN-Grand Palais (Château de Versailles)
50-5	ph © DeAgostini/Leemage
50-6	ph © Josse/Leemage
50-7	ph © Godong/Photononstop
50-8	ph © B. Bebert/Sipa
50-9	ph © Neurdein/Roger-Viollet
51	ph © Akg-Images
52-h	ph © Pixarno/stock.adobe.com
52-b	ph © Fred de Noyelle/Godong/Photononstop
53-h	ph © Mary Evans/Sipa
53-m	ph © Lydie Lecarpentier/REA
53-b	ph © Bruno Levesque/IP3/MaxPPP
55	© L'Illustration
56	ph © Roger-Viollet
57-h	ph © Albert Harlingue/Roger-Viollet
57-b	ph © TopFoto/Roger-Viollet
58-h	ph © image BPK/BPK, Berlin, Dist. RMN-Grand Palais
58-b	ph © Rex Shutterstock/Sipa
59	© Médiathèque de Haguenau - Vablor
60-h	© Succession Picasso 2019 – ph © G. Blot/RMN - Grand Palais
60-b	ph © Akg-Images
61-h	© 2019 Calder Foundation, New York/ADAGP, Paris - ph © Phillippe Migeat/Centre Pompidou, MNAM-CCI/Dist. RMN-Grand Palais
61-m	© Films Sacs/DR - Coll. Prod DB
61-b	Coll. Perron/Kharbine-Tapabor
63,64-h	ph © Akg-Images
64-b	ph © Lapi/Roger-Viollet
65	ph © Bilderwelt/Roger-Viollet
66-h	ph © Roger Berson/Roger-Viollet
66-b	ph © Musée de la Résistance et de la Déportation de Besançon/Keystone-France
67-h	Coll. Centre national Jean Moulin
67-b	ph © Keystone-France
68-h	ph © Glasshouse Images/Akg-Images
68-b	ph © Myers/US Army Lightroom Photos/TopFoto/Roger-Viollet
69-h	ph © Akg-Images
69-m	ph © Ludovic/REA
70-h	© Adagp, Paris, 2019 - Thierry Noir
70-b	ph © Régis Bossu/Sygma via Getty Images
71	ph © Gilles Rolle/REA
72	© Bridgeman Images
73-h	ph © E. Dessons/JDD/Gamma
73-b	ph © Petar Petrov/Impact Press Group/NurPhoto
74-h	ph © Tallandier/Bridgeman Images
74-b	ph © Alain Le Bot/Photononstop
75-h	ph © Lee/Leemage
75-b	ph © Georges Darmon/Bridgeman Images
76-1	© L'Illustration
76-2	ph © TopFoto/Roger-Viollet
76-3	ph © image BPK/BPK, Berlin, Dist. RMN-Grand Palais
76-4	ph © Akg-Images
76-5	ph © Régis Bossu/Sygma via Getty Images
77	ph © Catherine Delahaye/Photononstop
78-h	ph © studiodr/iStockphoto
78-m	ph © Daniel Koebe/Fancy/Photononstop
78-b	ph © Roy Morsch/Flirt/Photononstop
79-h	ph © Tim Macpherson/Cultura/Photononstop
79-m	ph © kali9/iStockphoto
79-b	ph © Robert Daly/Caiaimages/Photononstop
80	ph © M. Gile/Sipa
81	© Agence Paragramme, ill. Laurence Bériot. Source ADEME Direction régionale Ile de France

83 © Keolis Lyon
84 ph © Stéphane Audras/REA
85-h ph © Benoit Decout/REA
85-b ph © Gilles Rolle/REA
86-h © 2019 Google
86-b ph © Florence Guillemain/Photononstop
87 © Communauté de Communes du Grésivaudan
88-h ph © Willy de l'Horme/Photononstop
88-b source Mobicoop - www.mobicoop.fr
89-h ph © P. Gherdoussi/MaxPPP
89-b ph © Yann Arthus-Bertrand/hemis.fr
90-h ph © mariakraynova/Shutterstock
90-b © source ViaMichelin - www.viamichelin.fr
91 Atlas France Belgique Luxembourg © Blay Foldex - 2018
92-h ph © Jacques Loic/Photononstop
92-b ph © Pierre Gleizes/REA
93-h source : SNCF Direction régionale Bretagne
93-b ph © Raphaël Demaret/REA
94-h ph © Vincent Isore/IP3 Press/MaxPPP
94-b ph © Kenzo Tribouillard/AFP
95-h ph © Laurent de Gebhardt
95-b ph © Yann Arthus-Bertrand/hemis.fr
96-b Carte postale ancienne éditée par Abeille Cartes/Collection particulière
97-h ph © Jacques Cuinières/Roger-Viollet
97-b ph © Michel Viard/Photononstop
98-h ph © FamVeld/Shutterstock
98-b ph © Julien Dorol/Wostok Press/MaxPPP
99-h ph © Sébastien Ortola/REA
99-b ph © Nicolas Thibaut/Photononstop
100-h © OUI.sncf
101-m ph © Richard Damoret/REA
101-b © Lenan/stock.adobe.com
102-h ph © B&M Noskowski/iStockphoto
102-b ph © Ekaterina Kupeeva/Shutterstock
103-h ph © Tarzan9280/iStockphoto
103-b ph © Erik Sampers/Explorer
104-1,2 ph © Jacques Beauchamp/Photononstop
104-3 ph © a-image/Shutterstock
104-4 ph © Jacques Beauchamp/Photononstop
104-5 ph © Pouzet/Sipa
104-6 ph © Sorbis/Shutterstock
104-7 ph © Production Perig/stock.adobe.com
104-8 ph © Jacques Beauchamp/Photononstop
105 ph © RUSS ROHDE/Cultura/Photononstop
106 © 2019 Google
107 Extraits issus du Géoportail - © IGN - 2019
108-hd © Marmiton.org
108-m ph © Laura Doss/Image Source/Photononstop
109-h ph © luplupme/iStockphoto
109-b ph © Philippe Turpin/Photononstop
110-h © Qwant
110-b © La Poste
111-h ph © Iakov Filimonov/Shutterstock
111-m © Facebook - ph © Francesca Mantovani
111-b © Twitter - ph © DR
112-h ph © asiseeit/iStockphoto
112-b ph © deepblue4you/iStockphoto
113-h ph © swyz/iStockphoto
113-b ph © alex-mit/iStockphoto
113-b ph © PhonlamaiPhoto/iStockphoto
114-h ph © kali9/iStockphoto
114-m ph © Georgijevic/iStockphoto
114-b ph © monkeybusinessimages/iStockphoto
115-h ph © Alex Potemkin/iStockphoto
115-m ph © simonkr/iStockphoto
115-b ph © AndreyPopov/iStockphoto
116 © Agence nationale des titres sécurisés - ants.gouv.fr
117 © Mission Très Haut Débit
119 ph © Arindam Mukherjee/REA
120-1 ph © norrabhudit/stock.adobe.com
120-2 ph © Who is Danny/Shutterstock
120-3 © Iliad
120-4 ph © vetkit/stock.adobe.com
120-5 ph © Sergey Peterman/stock.adobe.com
120-6 ph © Adam Gault/Science Photo Library/Photononstop
120-7 ph © Xavier Richer/Photononstop
120-8 ph © Béatrice Mollaret/Photononstop
121 ph © Radius Images/Photononstop
122 ph © Hadj/Sipa
123 ph © Frédérique Bidault/Biosphoto
124-h ph © Loïc Aedo/BMPM/SM/AFP
124-b ph © Alain Julien/AFP
125-h ph © Alain Le Bot/Photononstop
125-b ph © Christophe Petit Tesson/MaxPPP
126 ph © Danièle Schneider/Photononstop
127-b © Mairie de Paris
128-h ph © Anonyme - CC BY-SA 3.0
128-b ph © Fred Marvaux/REA
129-h ph © Bruno Levesque/IP3 Press/MaxPPP
129-b ph © Jean-Marc Barrère/hemis.fr
130-h ph © Jean-Philippe Vantighem/Biosphoto
130-b ph © Danièle Schneider/Photononstop
131-h « L'Arboricole à Angers » © Vincent Callebaut Architectures
131-b « Paris Smart City 2050 » © Vincent Callebaut Architectures
132 ph © International Sustainable Solutions Inc./City of Seattle/OnRequest Images
133-h ph © Yoan Valat/Wostok Pres/MaxPPP
133-b ph © Ville de Nevers - BB ED
134-h © ADEME - La composition des ordures ménagères et assimilées en France - Campagne nationale de caractérisation 2007. Graphies (38) Macard (69)
134-b ph © Antoine Repessé - « 365-Unpacked »
135-h ph © Jacques Reboul/Biosphoto
135-b ph © Pierre Bessard/REA
136 © Angers Loire Métropole – conception - PCA/ZAOUM - Photo : Ann Jarret
137 © Communauté d'agglomération Plaine centrale du Val-de-Marne
138-h ph © Alain Le Bot/Photononstop
138-b ph © J.S. Evrard/Sipa
139-h ph © J.S. Evrard/Sipa
139-m ph © SafakOguz/iStockphoto
139-b ph © Alain Le Bot/Photononstop
140 ph © Stéphane Lartigue/PHOTOPQR/SUD OUEST/MaxPPP
141-g ph © Philippe Lissac/Godong/Photononstop
141-d ph © Hill Street Studios/Blend Images/Photononstop
142-h ph © Jean Claude Moschetti/REA
142-b ph © Francois Henry/REA
143-h ph © Bruno Levesque/IP3 Press/MaxPPP
143-m ph © Philippe Roy/Aurimages
143-b ph © Lydie Lecarpentier/REA
144-1 ph © flyparade/iStockphoto
144-2,3 ph © DR
144-4 ph © Gilles Paire/Fotolia
144-5,6 ph © DR
144-7 ph © TomFreeze/iStockphoto
145 ph © fstop123/iStockphoto
146 ph © The Kobal Collection/Aurimages
147 ph © Pierre Gleizes/REA
149 © CIDEM
150 ph © Paul Barton/Corbis
151 © Walt Disney/DR - Coll. Prod DB
152 © Création Euro-RSCG Compagnie - Titeuf par Zep, 2005/Handicap International, Lyon
153-h ph © DenKuvaiev/iStockphoto
153-b ph © M. Nascimento/REA
154 Prix « Mobilisons-nous contre le harcèlement » Affiche du

lauréat catégorie primaire - © Académie de Toulouse
155 Stop au harcèlement au collège. Textes : Florence Pagneux Illustrations : Éric Buche - © Bayard Presse, 2012
156 © Académie de Lille
157 ASTERIX®-OBELIX®-IDEFIX® / © 2019 LES ÉDITIONS ALBERT RENÉ / GOSCINNY - UDERZO
158 ph © lushik/iStockphoto
159-h ph © thefurnaceroom/iStockphoto
159-b ph © Robert Daly/Caiaimages/Photononstop
160 ph © JGI/Jamie Grill/Blend Images/Photononstop
161 ph © Frédéric Soreau/Photononstop
162 ph © Bridgeman Images
163 ph © Bernd von Jutrczenka/DPA/Photononstop
164 ph © Shutterstock Inc
165 ph © Casarsa/iStockphoto
166 ph © Bulloz/RMN-Grand Palais
167 ph © Mauritius/Photononstop
168 ph © Josse/Leemage
169 © Studio Boule & Bill, 2019
171 © Atelier Graphique Pierre Bernard/Secours Populaire Français
172-h ph © Chris Hondros/Getty Images/AFP
172-b ph © Chesnot/Sipa
173-h ph © Pascal Deloche/Godong/Photononstop
173-b ph © Paola Visone/Pacific Press/ZUMA/REA
174 © Archives Nationales
176-h ph © Patrick Kovarik/AFP
176-b ph © Christophe Archambault/AFP
177-h ph © Denis/REA
177-b ph © Ludovic/REA
178 ph © Voisin/Phanie
179-h ph © Denis Charlet/AFP
179-b ph © Grégoire Maisonneuve/Sipa
180 ph © Régis Bossu/Sygma via Getty Images
181-h ph © Wiktor Dabkowski/ZUMA/REA
181-b ph © Cristina Quicler/AFP
182-h ph © C. Hartmann/Sipa Press
182-b ph © 7razer/stock.adobe.com
183-h © Union européenne
183-b ph © Simon Guillemin/Hans Lucas
184 ph © Dursun Aydemir/Anadolu Agency/AFP
185 ph © Gilles Rolle/REA
188 ph © Mark E. Gibson/Corbis Documentary
190 ph © Joseph Giacomin/Cultúra Creative/Photononstop
191 ph © Nico Hermann/Westend61/Photononstop
192 ph © Polygram/The Kobal Collection/Aurimages
193 ph © Jose Luis Pelaez Inc/Blend Images/Photononstop
194 ph © Chris Fertnig/iStockphoto
195 ph © Bridgeman Images
196 © Adagp, Paris, 2019 – ph © Isadora/Leemage
197 ph © David Turnley/Corbis/VCG via Getty Images
199 ph © G. Giuglio/Wostok Press/MaxPPP
200 ph © Christophe Lehenaff/Photononstop
201-h ph © Pierre Bessard/REA
201-b ph © Frank and Helena/Cultura/Photononstop
204 Affiche de l'édition 2018 de la Semaine de la presse et des médias dans l'École®. Illustration réalisée par le dessinateur Rodho
205-h © Courrier International
205-b © Radio France - « Espace : et si le robot Philae vivait ses dernières heures ? » - Guillaume Gaven
206-h ph © bigtunaonline/iStockphoto
206-b ph © Feodora Chiosea/iStockphoto
208-h ph © elenaleonova/iStockphoto
208-b ph © Ljupco/iStockphoto
209-h ph © Sean Prior/Wavebreak Media/Photononstop
209-b © ARTE France - visuels Le Peuple des volcans © Saint Thomas Productions
210-h ph © Valeriy_G/iStockphoto
210-m ph © ChesiireCat/iStockphoto
210-b ph © Donald Iain Smith/Blend Images/Photononstop
211 ph © AnnaElizabethPhotography/iStockphoto
212 ph © BoskoJr/iStockphoto
213 ph © Jacques Loic/Photononstop
216 ph © F. Hanoteau/Archives Hatier
217 © Association Nationale pour les Transports Educatifs de l'Enseignement Public

Droits réservés (DR) : malgré nos efforts, il nous a été impossible de joindre les ayants-droit de certains documents, pour solliciter l'autorisation de reproduction, mais nous avons naturellement réservé en notre comptabilité des droits usuels.

Achevé d'imprimer en Italie par STIGE
Dépôt légal n° 05350-2/01 - Février 2019